肢体残疾人身体活动指南

ZHITI CANJIREN SHENTI HUODONG ZHINAN

张一民 周坤 编

北京体育大学出版社

策划编辑：田　露
责任编辑：田　露
责任校对：吴　珂
版式设计：李　鹤

图书在版编目（CIP）数据

肢体残疾人身体活动指南 / 张一民, 周坤编. -- 北京 : 北京体育大学出版社, 2021.4
ISBN 978-7-5644-3395-6

Ⅰ. ①肢… Ⅱ. ①张… ②周… Ⅲ. ①肢体残疾－残疾人－体育运动－指南 Ⅳ. ①G806-62

中国版本图书馆CIP数据核字(2020)第263666号

肢体残疾人身体活动指南
ZHITI CANJIREN SHENTI HUODONG ZHINAN
张一民　周坤　编

出版发行：北京体育大学出版社
地　　址：北京海淀区农大南路1号院2号楼2层办公B-212
邮　　编：100084
网　　址：http://cbs.bsu.edu.cn
发 行 部：010-62989320
邮 购 部：北京体育大学出版社读者服务部 010-62989432
印　　刷：北京建宏印刷有限公司
开　　本：880mm × 1230mm　1/32
成品尺寸：148mm × 210mm
印　　张：2.875
字　　数：81千字
版　　次：2021年4月第1版
印　　次：2021年4月第1次印刷
定　　价：38.00元

《肢体残疾人身体活动指南》
编委会

名誉主任： 王建军

主　　任： 吴竞军

副 主 任： 马全军　田　露

主　　编： 张一民　周　坤

副 主 编： 林　项　金　宁　代青松

编　　委：（排名不分先后）

于晶晶　孔振兴　孙婷婷　李冬庭

杨泽宇　张　阳　费　夕　贾　潇

前　言

习近平总书记在全国卫生与健康大会上指出，要倡导健康文明的生活方式，树立大卫生、大健康的观念，把以治病为中心转变为以人民健康为中心，建立健全健康教育体系，提升全民健康素养，推动全民健身和全民健康深度融合。让人民群众公平地享有全方位、全周期的健康服务，充分体现了中国共产党“以人民为中心”的执政理念，将为健康中国的实现凝聚更加磅礴的力量。

肢体残疾人是数量众多、损伤种类和残疾程度多样的群体，其在运动能力上的障碍，使他们在参加健身活动时有许多特殊需求，面临诸多困难。因此，针对不同类型、不同程度的肢体残疾人，应逐步完善科学健身理论，并开发不同的科学健身指导方案。

本书在对不同损伤类型、不同损伤程度的肢体残疾人充分调研的基础上，总结了该群体参加体育锻炼的不同特征，并结合运动促进健康的新知识、新理论和新方法，在中国残疾人体育运动管理中心支持的肢体残疾人体质与健康促进项目研究成果的基础上，以篇章的形式，用较为简洁、通俗易懂的文字讲解以及图片的直观演示，将科学健身的理论知识和锻炼方法呈现在广大肢体残疾朋友面前。

众多研究表明，有规律地参加体育锻炼是人们增强体质、促进健康、防控慢性疾病的重要手段之一。肢体有残疾的朋友，只要坚持系统的、科学的体育锻炼，改变不良的生活行为方法，就会从锻炼中收获健康。

全民健身我行动！尊敬的残疾朋友，让我们一起加入全民健身的行列，共同努力，增强体质，追求健康，为实现健康中国贡献力量。

中国残疾人体育运动管理中心

北京体育大学运动与体质健康教育部重点实验室

2019年7月1日

目 录

第一章 知识

中国残疾人联合会数据显示，目前，我国残疾人总数超过8500万，其中肢体残疾人总数近2500万，是人数最多的一类残疾人。据估计，到2030年，我国每年将新增残疾人200万~250万。越来越多的证据表明残疾人的健康状况低于健全人，且健康水平较低，因此，关注残疾人的健康问题变得尤为重要与迫切。党和国家高度重视残疾人体育，制定了加强残疾人体育的多项政策，促进残疾人体育发展，推动残疾人社会融合。中华人民共和国成立后，残疾人体育经历了从无到有、从弱到强的过程，多次在残奥会上取得优异成绩，展现了我国残疾运动员积极拼搏、为国争光的良好风貌。当然，随着残疾人竞技体育的不断发展，残疾人健身也应得到足够的重视。《全民健身计划纲要》中提出，要广泛开展残疾人体育健身活动，提高残疾人的身体素质和平等参与社会活动的能力。但目前残疾人健身发展相对缓慢，残疾人参与健身的人数和质量不容乐观。为促进残疾人增强体质、积极参与社会活动，促进社会融合，残疾人健身必须得到应有的重视。应逐步建立残疾人体质和参加健身活动的动态监测机制，以便更好地为开展残疾人体育健身活动提供科学指导，提高残疾人体育健身工作的科学化管理水平。

第一节　残疾的知识

一、残疾的定义与分类

（一）残疾的定义

残疾是指因各种躯体、精神疾病或损伤及先天性异常所造成的身心功能障碍，以及不同程度的丧失正常生活、工作、学习和社交活动能力的状态。

《残疾人权利公约》指出，残疾是一个演变中的概念，残疾是伤残者和阻碍他们在与其他人平等的基础上充分和切实地参与社会的各种态度和环境障碍相互作用所产生的结果。

（二）我国对残疾的分类

我国一般依据社会功能障碍程度对残疾程度进行划分。按照残疾的不同类型和程度，将残疾障碍分为视力残疾、听力残疾、言语残疾、肢体残疾、智力残疾、精神残疾和多重残疾。

二、肢体残疾的定义分类及分段

（一）定义

肢体残疾是指因四肢残缺或四肢躯干麻痹、畸形、缺失等原因导致的人体运动功能不同程度丧失，以及活动受限或参与受限。

（二）分类

肢体残疾人群包括以下三类。

- 上肢或下肢因伤、病或发育异常导致的缺失、畸形或功能障碍的人群，例如截肢残疾人群。
- 中枢、周围神经系统伤、病或发育异常造成躯干或四肢的功能障碍的人群，例如脑瘫和偏瘫人群。
- 脊柱因伤、病或发育异常造成的畸形或功能障碍的人群，例如脊髓损伤人群。

（三）分级

肢体残疾的分级原则：肢体残疾按人体运动功能丧失、活动受限、参与受限的程度分级（不佩戴假肢、矫形器及其他辅助工具）。

1. 肢体残疾一级

不能独立实现日常生活活动，并具备下列状况之一：

- 四肢瘫：四肢运动功能重度丧失；
- 截瘫：双下肢运动功能完全丧失；
- 偏瘫：一侧肢体运动功能完全丧失；
- 单全上肢和双小腿缺失；
- 单全下肢和双前臂缺失；

- 双上臂或单大腿（或单小腿）缺失；
- 双上肢和双全下肢缺失；
- 四肢在手指掌指关节（含）和足跗跖关节（含）以上不同部位缺失；
- 双上肢功能极重度障碍或三肢功能重度障碍。

2. 肢体残疾二级

基本上不能独立实现日常生活活动，并具备下列状况之一：

- 偏瘫或截瘫，残肢保留少许功能（不能独立行走）；
- 双上臂或双前臂缺失；
- 双大腿缺失；
- 单全上肢和单大腿缺失；
- 单全下肢和单上臂缺失；
- 三肢在手指掌指关节（含）和足跗跖关节（含）以上不同部位的缺失（一级中的情况除外）；
- 二肢功能重度障碍或三肢功能中度障碍。

3. 肢体残疾三级

能部分独立实现日常生活活动，并具备下列状况之一：

- 双小腿缺失；
- 单前臂及以上缺失；
- 单大腿及以上缺失；
- 双手拇指或双手拇指以外的其他手指全部缺失；
- 二肢在手指掌指关节（含）和足跗跖关节（含）以上不同部位缺失（二级中的情况除外）；
- 一肢功能重度障碍或两肢功能中度障碍。

4. 肢体残疾四级

基本上能独立实现日常生活活动，并具备下列状况之一：

- 单小腿缺失；
- 双下肢不等长，差距大于等于50 mm；
- 脊柱强（僵）直；
- 脊柱畸形，后凸大于70° 或侧凸大于45° ；
- 单手拇指全缺失；
- 单足跗跖关节以上缺失；
- 双足趾完全缺失或失去功能；
- 侏儒症（身高小于等于1300mm的成年人）；
- 一肢功能中度障碍或两肢功能轻度障碍；
- 类似上述的其他肢体功能障碍。

三、常见的肢体残疾人群

本书主要对脊髓损伤残疾人群、截肢残疾人群、脑瘫残疾人群和偏瘫残疾人群进行介绍。

（一）脊髓损伤残疾人群

脊髓损伤残疾人指的是由各种原因造成的脊髓结构损伤导致的脊髓功能障碍者。常见的致残原因有摔伤、交通事故、脊髓瘤等。脊髓损伤是一种状态，即由于脊髓的损伤而导致的运动与感觉障碍以及肌肉的损伤，包括先天、后天造成的脊髓损伤和功能障碍。损伤的位置与程度决定了肢体残疾的具体情况。某一处完全的脊髓损伤将造成在该损伤平面以下的所有感觉、运动及自主功能缺失，而不完全的脊髓损伤则会造成该损伤平面以下部分功能的缺失。

根据受伤的程度和功能性活动能力，脊髓损伤人群可以分成以下三类。

- 颈椎脊髓损伤造成的四肢瘫患者：这些人受伤比较严重，四肢的运动和感觉功能都一定程度受限，生活自理困难。
- 胸腰段脊髓损伤造成的截瘫患者：这些人主要是下肢的运动和感觉功能受限，躯干功能也相应受到影响，需要借助轮椅进行活动，但上肢的功能正常，可以进行正常的活动。
- 腰段以下的脊髓损伤：这些人脊髓损伤的程度较轻，下肢的感觉和运动能力受到影响，常表现为肌肉力量减弱，加强锻炼可以进行步行和站立位的体育活动。

（二）截肢残疾人群

截肢残疾人群截肢的主要原因是交通事故、工伤及疾病。

截肢主要包括上肢截肢、下肢截肢和上下肢混合截肢。截肢残疾人穿戴假肢后可以像身体健全的人一样运动。针对不同类型的截肢残疾人群有不同的锻炼方式，截肢残疾人群的神经损伤与其他残疾人群相比较少，下肢截肢者的躯干和上肢，以及健侧肢体都不受影响，可以正常进行锻炼和运动。

先天畸形的截肢残疾人除了在四肢上存在畸形与缺失外，在体质的测量与评价标准方面可以看作是非残疾的，只是在运动方式上存在障碍。如果在畸形与截肢之外还存在疾病或其他身体异常情况，则需要从医学角度考虑其具体问题，并由医生提出更为适合的运动方案。

（三）脑瘫残疾人群

脑瘫是一种非进行性脑损伤，可造成协调性、肌肉力量等多方面功能的损伤，从而导致患者不能维持正常的姿势以及运动功能的丧失。为了描述不同程度脑瘫残疾对身体活动的影响，本书对脑瘫残疾人群的分类采用的是国际脑瘫人运动与娱乐协会（CP-ISRA）的分级方法。该方法主要基于对下肢、躯干、上肢和手的功能方面的评价。

脑瘫指的是出生前、出生后一个月内发育时期的非进行性脑损伤所致的综合征，主要表现为中枢性运动和姿势异常，同时还伴有精神发育延迟，感统失调，语言、摄食障碍等症状。

（四）偏瘫残疾人群

偏瘫残疾，主要是因脑血管意外造成的偏瘫、偏盲、偏身感觉障碍和失语，一般以老年人为主，但目前有年轻化的趋势。

根据Brunnstrom（偏瘫运动功能评价）分期标准，可以将偏瘫残疾患者的恢复过程分为弛缓期、痉挛期、共同运动期、部分分离运动期、分离运动期、正常运动期。

- 弛缓期：上肢、下肢和手没有任何运动。
- 痉挛期：出现联合运动，痉挛加重。手出现轻微的屈曲运动，上肢、下肢出现少量的运动。
- 共同运动期：出现共同运动，上肢可以出现随意的联合运动，手出现轻微的伸的动作，下肢可以做髋、膝、踝的联合屈曲动作。
- 部分分离运动期：脱离联合运动，开始出现部分分离运动；肘关节屈曲90° 时，可以进行前臂的旋前，手可以出现抓握动作；坐位，髋关节屈曲90° 时，可以进行屈膝运动；足跟着地时，可进行踝背屈。
- 分离运动期：肌力逐渐增加，出现更大范围的分离运动。
- 正常运动期：运动模式和普通人一样，可以进行抗阻训练。

第二节 健身的知识

一、健身的定义及意义

（一）定义

健身是体育项目的一种，指在闲暇时间进行专门的体育锻炼以强身健体，促进身体健康。

（二）意义

1. 提升呼吸功能

健身包括有氧运动、力量训练等。有氧运动可以提升心脏的泵血能力，提高肺摄取及交换氧气的能力；力量训练可以提高呼吸肌的力量，随着运动负荷的增加，单位时间内摄氧量增多。

2. 改善心血管功能

健身可以使心肌收缩能量节约化，增加血管壁弹性，抵抗血管痉挛和血小板聚集作用，降低动脉粥样硬化及其他心血管疾病的发病率，有利于稳定血压，减少心血管意外事件。健身中的有氧运动可明显降低轻度原发性高血压患者的血压，且疗效很好，可减少或停用降压药物；对重度原发性高血压患者，能减少其降压药的服药剂量。如图1–1所示，高血压患者须注意对自身血压的监控。

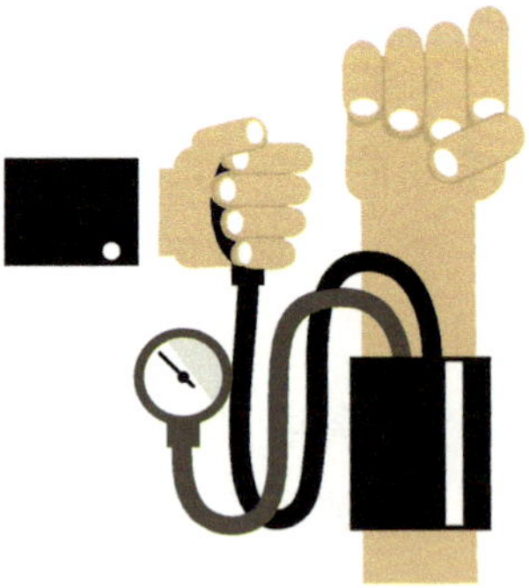
图1–1 测量血压

3. 增强代谢功能

健身可以增强胰岛素对血糖的敏感性，有效控制人体的血糖和血脂，使身体中的总胆固醇、甘油三酯和低密度脂蛋白减少，降低糖尿病发病风险，减少脂肪堆积。力量训练可以增加肌肉含量，改善身体成分，提升基础代谢率，促进新陈代谢。

4. 强化肌肉与骨骼

健身可以增加骨密度，使肌肉中肌纤维的体积增大，肌肉增粗，力量增大，改善体形，促进血液循环，延缓衰老。

二、残疾人健身的相关知识

（一）定义

残疾人健身目前尚没有比较明确的定义，主要指残疾人进行的一些以强身健体、恢复功能、身体康复为目的的身体活动。常见的健身活动包括残疾人球类、力量训练和中国传统项目等。

（二）意义

- 健身可以增强残疾人的体质，促进其身心健康全面发展，有效改善人体机能水平，促进身体功能恢复。
- 健身可以调整心态，有利于残疾人的个性发展，促进其自尊、自爱和对自身的认可，帮助其看清现实状况，增加其直面困难的勇气，更好地促进身心健康发展。
- 健身可以增进残疾人与社会的交流，促进社会的稳定发展。

（三）目的

健身的目的主要包括两个方面：第一，促进身体健康；第二，健美。残疾人健身主要为了强身健体，改善功能，促进身心健康全面发展，更好地参与社会生活。相比于身体健全的人来说，残疾人健身更在乎健肢的强健，可以代偿性地进行辅助运动，改善功能，达到生活自理，更好地参与和适应社会生活。

（四）原则

1. 重在参与原则

残疾人健身，目的不是取得多么好的成绩，而在于参与。社会要给残疾人提供更多的参与机会，树立和增强残疾人重在参与的意识，发挥残疾人体育的作用，充分体现残疾人的主体地位。

2. 区别对待原则

残疾人健身要因人、因地和因时而定。由于在性别、锻炼水平和身体情况等方面存在差异，所以要区别对待。残疾人也要根据自身的年龄、性别、身体功能和运动水平等，合理选择运动项目和运动方式。

3. 全面训练原则

残疾人健身应该全面发展身体的各个部位和各器官系统的机能，发展各种身体素质和基本的活动能力。

4. 循序渐进原则

残疾人健身的内容、方法和负荷应该根据残疾人的机能适应规律循序渐进。

5. 合理负荷原则

残疾人健身要选择合理的运动负荷，只有适宜的负荷才能有效地增强体质，提高健康水平。要按照人体对运动的适应性来安排运动量和运动强度。

6. 预防伤病原则

残疾人健身必须注意运动防护，合理安排运动量与强度，避免运动损伤和疾病的发生。

7. 可逆性原则

如果运动训练的强度减小或者在一段时间内停止训练，训练产生的生理机能改善也会减弱。

8. 特殊训练原则

生理和能量代谢的适应性会因负荷类型的不同而有所差别，比如进行耐力训练，会使有氧运动能力显著增强，而这种类型的训练不能大幅增强力量。特殊训练原则有助于增强能量代谢系统超负荷运行的能力。

（五）任务

残疾人健身的主要任务：

- 增加残疾人身体活动时间，改变久坐少动的生活模式。
- 促进残疾人功能恢复，提高生活质量，克服自卑，增添自信，使其更好地融入社会。
- 使残疾人积极参加社会活动，丰富其社会文化生活，增加其社会阅历。

三、身体活动的定义及水平划分

（一）定义

身体活动分为狭义的身体活动和广义的身体活动。

1. 狭义的身体活动

狭义的身体活动是指有计划、有组织地进行体力活动。

2. 广义的身体活动

如图1-2所示，广义的身体活动除体育锻炼以外，还包括日常生活、工作及休闲娱乐中产生肌肉收缩的活动。

图1-2　身体活动金字塔

（二）残疾人身体活动水平划分

目前，我国尚没有明确的残疾人身体活动水平划分，*Physical Activity Guidelines for Amerieans 2nd edition*（编者译：《美国人身体活动指南》）中，将残疾人身体活动水平分为以下四个等级：

- 不活跃：除了基本日常生活活动外没有任何的中等或较大强度的身体活动。
- 不够活跃：每周中等强度运动时间少于150 min或较大强度运动时间少于75 min。
- 活跃：每周完成相当于150 min的中等强度的身体活动（成年人

身体活动的推荐量）。

- 高度活跃：每周完成超过300 min的中等强度的身体活动。

身体活动适用于所有功能受限的人群，他们都可以通过身体活动提升自身的功能性活动水平。无论身体活动的强度大小、时间长短，只要进行身体活动，就可以改变久坐少动的行为习惯，给个人健康带来益处。对于我国残疾人群，除了残疾人运动员外，大多数残疾人受自身身体能力和环境因素的影响，都处于不活跃或不够活跃的水平，即每周中等强度身体活动时间少于150 min或者较大强度身体活动时间少于75 min。

四、身体活动强度的划分

（一）以代谢当量为划分标准

1. 定义

- 基础代谢：人在清晨起床前的绝对安静状态下，不受肌肉活动、环境温度、食物和精神等因素影响时的能量代谢。
- 代谢当量（以下简称MET）：维持静息代谢所需的能量消耗。
- 食物的特殊热动力作用：机体摄入食物引起的机体能量代谢额外增加。

2. 划分标准

可以用MET来进行身体活动强度的划分。一个人静坐休息时的能量消耗为1 MET。可用MET的倍数来表示身体活动强度。

低强度指的是身体的能量消耗在3 MET以下，比如速度小于3.2 km/h的散步及一些简单轻松的活动等。

中等强度指的是身体的能量消耗为3～6 MET，如速度低于6.4 km/h

的快走。

大强度指的是身体的能量消耗在6 MET以上，如慢跑（速度高于6.4 km/h）、游泳。

下肢受限的轮椅人群参与运动时，必须根据自身情况，选择合适的运动项目，比如慢速的轮椅移动属于低强度运动，轮椅体操或者节奏缓慢的轮椅舞蹈都属于中等强度的运动，轮椅球类运动则属于大强度运动。上述这些并无明确的标准，还需根据残疾人的残损程度合理安排运动强度。

（二）以心率为划分标准

1. 定义

心率是指心脏每分钟跳动的次数，正常成年人安静时的心率一般为60～100 次/min，可因年龄、性别或其他生理因素产生个体差异。一般来说，年龄越小，心率越快，老年人心跳比年轻人慢，女性的心率比同龄男性快（残疾人的最大心率较健全人偏低），这些都是正常的生理现象。

2. 用心率划分运动强度

随着运动负荷的增加，运动者的心率会逐渐增加，可以用心率来划分运动强度，见表1-1。

表1-1　以心率划分运动强度

运动强度	身体活动中的心率	运动方式举例
低强度	低于120 次/min	坐、站立、慢走
中等强度	120～150 次/min	散步、网球（双打）、自行车
大强度	高于150 次/min	跑步、网球（单打）、有氧健身操

五、运动风险

（一）常见风险

健身会带给人们很多益处，但也有发生运动损伤的风险。最常见的风险主要有皮外擦伤、中暑、心血管意外和骨折等，残疾人健身更应该注意风险防控。残疾人健身要根据自身的残损状况选择合理的健身方式，循序渐进，并注意自身原有疾病和运动禁忌。对于久坐轮椅的残疾人，特别是在夏天，应尤其注意预防因流汗过多造成的褥疮等问题。

（二）影响因素

- 运动项目：不同运动项目的运动风险发生率和发生部位不同。
- 运动强度：运动强度越大，运动风险发生率越大。
- 环境因素：运动风险的发生还与运动场地、气候、温度等有关。
- 自身因素：运动风险的发生与个人身体健康状况、参与运动的频率等息息相关。

六、健身与体质健康的关系

健身可以改善体质。

长期不良的生活方式，如久坐、作息不规律、抽烟喝酒等让很多人处于亚健康状态。因此，我们需要通过健身来改善身体状况。

健身要因人而异，运动量的增加要循序渐进。每次持续的时间最好在30 min以上，同时保持充足的休息和睡眠时间。健身不可急躁，应保持良好的心态。

七、久坐少动的生活方式

如图1-3所示，久坐少动指的是在坐着、斜靠着或者躺着的时候，以低能量消耗为特征的所有清醒行为。低能量消耗为1.5 MET以下。久坐少动的生活方式指在工作、生活或休闲时间内，不进行任何身体活动或仅有非常少的身体活动。每周中等强度身体活动不足150 min、每日步行不足5000步都属于久坐少动。缺乏身体活动是三大不良生活方式之一，它的危害甚至超过了吸烟，已经跃居为当今慢性疾病发生的第一独立危险因素。

图1-3　久坐少动

第二章　评　价

人体在进行身体活动前，应对运动能力相关指标进行全面测试与评价，以便科学地制订个性化身体活动方案。在身体活动的不同阶段，应定期进行运动能力测试，以客观评价身体活动效果，确保身体活动安全有效。

第一节　身体活动的标准

每日运动时间越长，久坐时间越少，死亡风险越低。

科学的身体活动可以预防疾病，愉悦身心，促进健康。可以根据参与活动的内容方式、频率、持续时间、强度等进行标准分类。

最低标准：每周进行时间不少于150～300 min的中等强度身体活动，或者75～150min的较大强度身体活动；每周进行2天力量练习。

最高标准：身体活动的最高标准没有明确的规定，只要身体状态允许，就可以不断增加身体活动量，但要循序渐进。一般成年人每两周增加一次身体活动量，老年人每四周左右增加一次身体活动量。

残疾人标准：残疾人因为长时间的久坐及卧床，身体活动水平相对健全人较低，在开始进行健身活动时更要注意强度和频率，切记不可一次性强度过大或者持续时间过长，避免意外伤害的发生。

第二节　身体活动的测量与评价

一、身体活动的测量方法

（一）行为评价

通过主观性观察或客观性仪器测量评价身体活动行为，包括频率、强度、时间和类型。

（二）能量消耗的测量

1. 行为观察法

观察测试对象的行为，对照各种活动的能量消耗表计算能量消耗。此方法比较便捷，适用于小样本量的日常身体活动，对残疾人的身体活动也同样适用，但是测试时间比较长。

2. 调查法

调查法的形式包括日记、日志、活动回忆、定量化回顾和访谈等。时间从1天到数年不等，甚至不限期限；内容包括不同职业人群在工作中的身体活动量、家庭劳动中的身体活动量、选择交通工具所产生的身体活动量及参加体育锻炼的身体活动量等。此种方法适用于流行病学调查，但是受调查对象的认知限制。

3. 热量测试法

直接热量测试法：通过仪器精确测量和记录受试者在一个完全密闭的隔热房间内运动时所产生的热量。

间接热量测试法：通过气体代谢分析仪测试身体活动过程中的耗氧量及二氧化碳产生量，用公式间接推算出能量消耗。

4. 加速度计测试法

如图2-1所示，加速度计是一种小型装置，通常戴在手臂、踝关节或髋关节。当身体发生移动时，它可以通过内部传感器感知并测量身体活动时速度的变化。目前市场上主要采用的是单轴和双轴加速度计，前者主要感受垂直方向的速度变化，后者主要感受三维空间的速度变化。

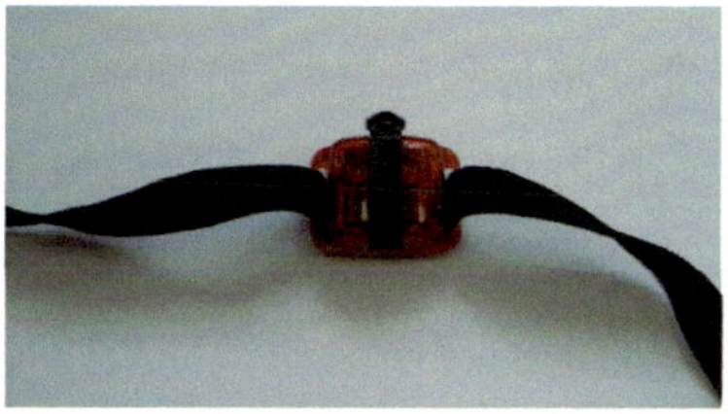

图2-1 加速度计

5. 双标水法

让受试者摄入一定量已知浓度的双标水，再通过分析新陈代谢后的尿液中标记物的峰值变化，计算出体内二氧化碳的生成率，进而推算能量消耗。双标水法是对其他测量方法进行有效性和可靠性验证的参照。

6. 计步器（不适用于轮椅人群）

计步器常被作为加速度计的替代测量工具。使用计步器时，为保证测量的精度，至少要记录 3 天的数据。一般而言，步行速度较慢时（如散步），计步器的效果不是特别理想。

7. 心率监测

通常采用胸部电极将心电信号传送到腕表的接收器上，腕表上的芯片会分析心动周期，进而推算出心率。这是一种方便快捷，且能连续记录心电信号的检测设备，还可以用于动态监测身体活动过程中心脏对身体活动负荷的适应程度。

二、身体活动的评价方法

评价身体活动的方法有很多，我国多使用国际体力活动量表（IPAQ）。它根据运动的频率、强度、时间、类型，从大强度、中等强度、步行和静坐4个方面评价身体活动水平。

国际体力活动量表分为短卷和长卷两种类型。短卷是调查每周从事某种强度身体活动累积的时间，其参照的是活动时间。用某种强度身体活动的每周活动频率乘以每天活动时间，再乘以该强度身体活动所对应的 MET 赋值，就可以推算出个体每周进行该强度身体活动的水平。长卷是按照身体活动项目调查其频率和时间，其参照的是身体活动项目。个体每周从事某项身体活动水平的计算方法与短卷一致，但强调每种强度的身体活动按每天180 min截断处理。

除国际体力活动量表外，还可用以下方法评价身体活动。

身体主观疲劳感（RPE）是受试者对身体疲劳程度的自我判断。此方法不稳定，存在身体活动安全隐患，是国际上较为流行的一种评价身体活动水平的简易方法。

心率：可用最大心率与储备心率的百分比评价身体活动。储备心率，即身体活动时的心率减去安静时的心率，也可称为身体活动心率安全区域值，该值是衡量身体活动水平的重要标志之一。最大心率，即身体活动时，随着身体活动负荷的增加，耗氧量和心率也增加，当达到最大负荷、耗氧量不能增加时，心率就达到了最高水平。成年人的最大心率可用“220−年龄”来计算。

能量消耗估计：代谢当量，安静时的能量消耗为1 MET，中等强度身体活动的能量消耗为3～6 MET，这个强度对降低运动风险、促进身体健康十分有益。国际上推荐每周进行150～300 min的中等强度身体活动或者进行75～150 min的较大强度身体活动。

身体活动量：可用身体活动量划分身体活动水平，见表2-1。

表2-1 按身体活动量划分身体活动水平

身体活动水平	划分标准
不足	只进行低强度身体活动，没有中等和大强度身体活动，且每周低于0.5h
低水平	每周进行中等强度身体活动的时间低于2.5 h，或每周进行大强度身体活动的时间低于75 min
中等水平	每周进行中等强度身体活动的时间为2.5 ~5h，或每周进行大强度身体活动的时间为75 min~2.5 h
高水平	每周进行中等强度身体活动的时间大于5 h

第三节　运动健身的评价

所有人在运动前都要进行运动前的评价。运动前评价主要包括运动前健康筛查、相关体质评价及一些临床运动测试。为了更好地运动，更为了防止运动意外伤害的发生，运动前的评价必须执行。

一、运动前健康筛查

（一）医疗病史

首先应当明确询问参与运动者的既往病史及当前状况，要求运动者不得隐瞒，如实告知。肢体残疾人（主要指偏瘫、脑瘫和脊髓损伤人群）属于运动高危人群，在运动前必须经过医生等专业人士的初步检查。特别对于发病不久的残疾人，如刚因脑血管意外导致偏瘫的患者，尤其应当重视，以防止疾病再次发生，致残程度进一步加深。

（二）血压

安静状态下血压是运动前健康筛查的一个重要部分。在进行血压测量时应保证受试者已处于安静状态，测量并记录2次血压的数值。重复测量可减少误差或测量中的错误。正常血压的范围为收缩压90 ~139mmHg（1 mmHg=0.133kPa），舒张压60 ~89mmHg，其中收缩压在120 ~ 139 mmHg，舒张压在80 ~ 89 mmHg时，为正常高值。

（三）血脂

一般来说，血脂中的主要成分是甘油三酯和胆固醇。临床中常用的指标包括总胆固醇、甘油三酯、低密度脂蛋白和高密度脂蛋白的浓度。

有观点认为，降低低密度脂蛋白浓度是降低胆固醇浓度的关键。另外，高密度脂蛋白是一种保护蛋白，提高高密度脂蛋白浓度对人体有益，可以降低患心血管病的风险。

（四）肺功能

久坐或者长期卧床的残疾人可以通过测量肺活量进行肺功能测试。一般来说，残疾人的肺活量显著低于同龄健全人水平，这与其生活方式和久坐少动的状态有关。其中常用的指标有FVC（用力肺活量）、FEV1.0（第一秒最大呼气量）等。临床上常用FEV1.0与FVC的比值是否小于0.7来划分是否是肺部阻塞性疾病。

（五）运动禁忌症

运动禁忌症分为绝对禁忌症和相对禁忌症。有绝对禁忌症的患者不能进行运动前测试，更不能直接进行运动，需要进行专业的治疗，待病情稳定后才能进行运动前测试。相对禁忌症的患者需要仔细评估风险后才能进行运动前测试。了解运动的禁忌症，可以大大提高运动的安全性，减少意外伤害的发生。

（六）知情同意书和受试者说明书

知情同意书的内容和格式没有统一标准，但是必须包含重要的信息，确保受试者了解测试的目的和风险，要特别注意法律和伦理相关的问题，尽最大可能保护受试者的个人隐私。使用受试者说明书，在测试前对受试者进行指导，使受试者了解测试的内容，并做好充足的准备。对于一些特殊的测试内容，需要进行特殊说明。

二、相关体质评价

体质是人们所具有的或者获得的与其身体活动能力有关的身体要素。具有良好体质的人通常能够以旺盛的精力执行每天的事务而没有过度的疲劳；以充足的活力去享受闲暇时间的各种休闲活动并能有效应对各种突发事件。体质要素主要包括体脂含量、心肺耐力、肌肉力量与肌肉耐力、柔韧性，见图2-2。体质测试主要包括以下几方面。

图2-2 体质要素

（一）体脂含量

体脂含量可用体重指数、维度和皮褶厚度等指标进行评价。

1. 体重指数

体重指数（BMI），指身高与体重的关系，其计算公式是体重/身高^2，其中体重的单位为kg，身高的单位为m。体重指数的正常范围为18.5～24.9，低于18.5属于偏瘦，25～29.9属于超重，超过30属于肥胖。体重指数是一个中优指标，用体重指数评价体脂含量存在较大标准差。

2. 围度

围度测试简单易行。腰臀比在围度测试中比较重要，可以作为健康风险评估的一个指标，正常情况下，健康风险与腰臀比呈负相关。目前研究表明，亚洲男性的腰臀比平均值为0.81，女性的腰臀比平均值为0.73。男性的腰臀比不大于0.9，女性的小于0.85，为正常范围，超出正常范围的为向心性肥胖。目前针对残疾人腰臀比没有明确的数据，但由于残疾人大多需要借助轮椅活动，容易造成腰部脂肪堆积。常见的围度测试还包括上肢围、小腿围等。肢体残疾人佩戴假肢时，截肢部位的围度需要精确测量，以适合残肢的围度，减少摩擦造成的意外伤害。

3. 皮褶厚度

体成分金标准的测试方法——水下称重法，由于测试步骤复杂，不易进行，常用皮褶厚度测试法代替。其测试结果与水下称重法高度相关。常见的测试部位有腹部、肱二头肌或肱三头肌、胸部、小腿内侧、腹中线、肩胛下、髂前上棘和大腿。皮褶厚度测试的方法包括三点法和七点法，这两种方法具有较高的相关性，一般多采用三点法，简便易行。

（二）心肺耐力

心肺耐力是指人体维持大量肌肉群参与的中高强度的长时间运动的能力。心肺耐力水平与日常的体力活动习惯有密切的关系，经常参与较强体力活动的人通常具有较高的心肺耐力。残疾人由于久坐少动等，体力活动的参与相对较少，造成心肺耐力普遍较低。心肺耐力水平与心血管健康水平高度相关，提高心肺耐力与降低全因死亡率高度相关。

最大摄氧量是心肺耐力的标准测量指标。通常有相对值和测量值两种表示方式。在体质测试中采用最大摄氧量测试强度，有些人群可能不适合，所以通常采用心率负荷反应预测最大摄氧量。常见的测试最大摄氧量的方法包括跑台测试、功率自行车测试和12分钟跑测试等。对于下肢残疾人群可以采用手摇测功仪进行测试，但目前国内没有相对固定的测试方案。心肺耐力的基本测试指标包括血压、心率和主观疲劳感受程度。对于残疾人来说，测试时应该密切关注心率、血压等指标。

（三）肌肉力量与肌肉耐力

在运动之前，必须对肌肉力量和肌肉耐力进行测试，测试结果可以与已有标准进行对比，以评价肌肉力量和肌肉耐力。测试内容主要包括力量、收缩速度、关节活动度等。在测试过程中，要让受试者了解测试的程序及特定的运动方案。首先进行5～10 min的热身活动，然后再进行相关测试。肌肉力量通常用1 RM（最大重复次数）表示，即在正确姿势和一定规则下全关节运动范围内所能完成的最大阻力，1 RM是反应肌肉力量的可靠指标。肌肉耐力是指某肌肉群在一定时间内完成重复收缩至肌肉疲劳的能力。轮椅残疾人的上肢力量训练可以正常进行。

（四）柔韧性

柔韧性是指人体关节活动幅度，以及关节韧带、肌腱、肌肉、皮肤和其他组织的弹性和伸展能力。很多运动项目都要求有正常的关节活动度，关节活动度受限或者过大都容易造成运动损伤。关节活动度的测试方法通常是用关节测角器进行角度测量；另外，常用坐位体前屈来进行柔韧性测试。对于久坐少动的残疾人群应该重视对关节角度的测量，预防组织粘连造成的关节活动度受限。

三、临床运动测试

临床运动测试可以及时了解运动中出现的一些状况。残疾人测试时需要有针对性地选择合适的测试方法。主要测试指标包括最大负荷、最大摄氧量、最大心率、血压和心电图。

（一）最大负荷

最大负荷测试通常采用逐级递增运动负荷试验，最常用的是跑台和功率自行车运动方案，因为两者的运动负荷和方案容易复制和操作，可以进行大规模的测试，同时跑台和自行车运动方案可以调动全身大量肌肉参与。对于下肢运动受限的残疾人群，可以采用手摇测功仪进行测试。测试过程中可进行相关指标的测量，如最大摄氧量、心率、血压和心电图等。

（二）最大摄氧量

最大摄氧量是指人体在大量肌群参与的长时间剧烈运动中，每分钟摄入的最大氧气量。随着运动强度的逐级递增，摄氧量逐渐增加，当达到一定运动强度时，运动强度再增加，单位时间内的摄氧量不再继续增加，此时每分钟的摄氧量为最大摄氧量。最大摄氧量是反映受试者心肺耐力的重要指标。

（三）最大心率

最大心率与年龄之间的关系已经明确，使用年龄推测最大心率的方法简单，公式为最大心率=220–年龄，但是存在误差。残疾人群常常伴有交感神经受损，最大心率一般偏小，在进行测试时应该特别注意，达到最大心率的85%就可以作为停止运动的一个指标。

（四）血压

正常运动时血压应该表现为收缩压随运动逐渐增加，舒张压变化不大或者逐渐轻微下降，脉压逐渐增大。收缩压随运动强度增加而逐渐降低的现象，被认为是测试中的异常问题，受试者可能患有冠心病等相关心脏疾病。运动结束后，正常情况下，收缩压应该缓慢下降，但有时也会出现血压突然降低，并在运动后的一段时间内低于静息时的血压。如果运动结束后，血压不下降或者继续上升，提示死亡风险增加。

（五）心电图

正常的运动后心电图表现为小的或没有意义的Q波、最小限度的QRS间期缩短、与心率相关的QT间期缩短、R波的振幅轻度减小等。当然也会存在一些异常的病理学改变，ST段改变被认为是判断心肌缺血和损伤的标准。心肌缺血和损伤还会出现不同程度的心律失常症状，常见的包括室性心动过速和室上性心律失常。

第四节 残疾人运动功能评定量表

残疾人运动功能评定量表在9个方面对残疾人的运动功能进行评定，分别是仰卧位到侧卧位、仰卧位到床边坐、坐位平衡、坐位到站立位、行走、上肢功能、手的功能、手的精细运动，以及全身肌张力，见表2-2。该量表的满分为5 4 分，其中每个方面的评分标准为0～6分。分数的提高代表残疾人运动能力的提升。只有全身肌张力除外，全身肌张力在4分的时候属于正常，分数升高，肌张力呈现不正常的增加。所有方面的0分都表示完全不能运动，需要依赖治疗师和家人。随着分数的提高，依赖程度逐渐减低，达到6分的时候，基本可以完成该组中的动作，但比普通人动作的速度稍慢。

表2-2 残疾人运动功能评定量表

项目	计分标准
仰卧位到侧卧位	0——完全依赖。 1——通过健侧上肢和下肢的帮助翻至侧卧，但没有屈膝。 2——主动将腿跨到对侧，带动下半侧至侧卧，上肢滞留在后。 3——两上肢抬高转向一侧，一侧下肢主动跨向对侧，身体随之呈侧卧。 4——主动将一侧上肢转向对侧，身体其余部分随之呈侧卧。 5——移动上肢和下肢，翻至侧卧，但失去平衡，并有上肢前屈和肩部前伸。 6——3s内翻至侧卧，不用手帮助。
仰卧位到床边	0——完全依赖。 1——帮助病人至侧卧，可向侧方抬起头，但不能坐起。 2——病人自己控制头的位置，治疗师帮助病人从侧卧位至床边坐。 3——治疗师站在病人的旁边，帮助其下肢至床边，病人从侧卧位至床边坐。 4——没有治疗师监护，病人从侧卧位至床边坐。 5——没有治疗师监护，病人从仰卧位至床边坐。 6——没有治疗师监护，在10s内，病人从仰卧位至床边坐。

续表

项目	计分标准
坐位平衡	0——不能坐。 1——只有在治疗师的帮助下，才能保持坐位平衡。 2——双膝和足并在一起，足支撑在地面，在无帮助下可坐10s。 3——重心前移至髋部，并均匀分布于两侧，头和胸椎伸展，在无支持下保持坐位平衡。 4——无支持下坐位，可转头向后看，两足并在一起，放在地上，两手放在大腿上（下肢不得外展或不能移动足，不许手支撑在体侧）。 5——无支持下坐位，并能将重心前移至手触地，再返回到原坐位，手触地至少在足前10cm（两足放在地上，或不允许两足放在地上，不允许病人抓住某支撑物，必要时可用患侧上肢支撑，下肢和足不能移动）。 6——坐在无支持的方凳上，能侧移重心至手触地，再返回到原位（两足放在地上，不允许两足放在地上，不允许病人抓住某支撑物，必要时可用患侧上肢支撑，下肢和足不能移动，重心不能前移）。
坐位到站立位	0——不能站。 1——在治疗师的帮助下站起。 2——治疗师站在病人旁边，用手给予支持下，患者站起，但体重分布不均。 3——病人自己站起，体重均匀分布于两侧。 4——病人自己站起，并在伸髋伸膝位能站5s，体重平均分布于两侧。 5——无治疗师监护下，能从坐位站起，再回到坐位，且体重分布对称并充分伸髋。 6——无治疗师监护下，能从坐位站起，再回到坐位，10s内可重复3次，且体重分布对称。
行走	0——不能行走。 1——在治疗师的监护下，患腿支撑并呈伸髋位，健腿可向前迈。 2——能在1人监护下行走。 3——无监护人下，用任何支具或独立行走3m（或10步）。 4——在15s内，不用支具能走5m（或16步）。 5——在25s内，不用支具，能走10m（或33步），可用任何一只手从地上拾起一个小沙袋，并能转弯，走回原地。 6——在35s内，可用或不用某一支具，但不能抓扶手，上下4个台阶，重复3次。

续表

项目	计分标准
上肢功能	0——上肢不能动。 1——仰卧位，治疗师帮助抬高上肢，并呈伸肘，病人能使用肩胛带前伸。 2——仰卧位，治疗师帮助抬高上肢，病人在充分伸肘20° 以内维持该位置2s，上肢可稍外旋。 3——治疗师可使病人的前臂旋后，上肢抬高同上，使手掌朝向前额，做肘关节的屈伸运动。 4——坐位，治疗师抬高病人上肢至前屈90° ，病人维持此位置2s，并有伸肘和前臂旋后，但不能过度抬肩。 5——坐位，病人抬高上肢至上述位置，能维持10s，然后放下，并有前臂旋后，不能前臂旋前。 6——站立位，上肢外展90° ，用手掌抵住墙壁，在身体转向该墙壁时，仍能保持上肢呈伸肘位。
手的功能	0——手不能动。 1——坐位，治疗师使病人的前臂放在桌子上，在其手上放一圆筒状物，嘱其作伸腕运动，使该物体从桌上拿起，但不许屈肘。 2——坐位，治疗师使病人的前臂呈中立位，即尺侧放在桌面上，腕关节伸直，拇指与前臂位置相同，其余手指握住一筒状物，病人做手的桡偏动作，手从桌面抬起，不能屈肘或前臂旋前。 3——坐位，屈肘置于体侧，前臂做旋前和旋后动作。 4——双手向前抱起一只直径为14cm的球，再放下。球放在病人面前桌子上，上肢伸展，肩胛骨前伸，可完成该动作。 5——从桌子某一边拿起一只杯子，再将其放在桌子另一边，不能改变杯子形状。 6——在10s内，拇指与其余四指持续对指14次以上。必须由其余四指分别去对拇指，从食指开始，不能是拇指从一个手指滑向另一个手指。
手的精细运动	0——手指不能动。 1——病人前伸上肢，从身边的桌子上拾起一个钢笔头，再放下。 2——左（右）手将右（左）边杯中8颗豆子分次拿出，再放到左（右）边杯中，两杯的距离相当于病人的两个臂长。 3——画几条水平线终止于某一垂线，20s内画10次，至少有5条线碰到或止于该垂线。 4——用一支铅笔在一张纸上快速地点点，每秒至少2个点，连续点5s。在无帮助下，病人拿起铅笔，像拿起钢笔写字一样，把笔拿好点点，不是敲。 5——将一勺液体放入口中，不能去迎，也不能使液体溢出。 6——拿梳子并能梳头后部的头发。

续表

项目	计分标准
全身肌张力	0——病人处于昏迷状态。 1——肢体呈软瘫状，活动身体各部无阻力。 2——移动身体各部可感到有一些反应。 3——肌张力变化不定，有时迟缓，有时正常或增高。 4——反应始终正常。 5——50%时间肌张力增高。 6——持续性肌张力增高。

第三章　活　动

运动的好处无处不在，无人不知。对于身体功能受限的残疾人来说，身体活动和健身尤为重要，它们不仅仅是残疾人健康的保证，也是残疾人身体康复的手段，有益于残疾人更好地融入社会，实现自身价值。

第一节　健身的类型和基本环节

一、健身的类型

（一）有氧运动

有氧运动是指人体在氧气充分供应的情况下进行的体育锻炼，即在运动过程中，人体吸入的氧气与需求相等，达到生理上的平衡状态。有氧运动是强度始终较低且富韵律性的运动，其运动时间较长（约30 min或以上）。一般来说，为了提高心肺能力或者达到减肥的目的，有氧运动的时间要适量，即一般维持在30～60 min，每周3～4次。

常见的有氧运动包括快走、慢跑、游泳、骑自行车等。经常参加有氧运动会给健康带来很多益处，有氧运动可以显著降低心血管疾病等的全因死亡率，降低肥胖、高血压等疾病的风险因素。久坐少动的残疾人，其心率相对普通成年人略低，应相对减小有氧运动的强度，要科学运动，运动时间和强度的增加应循序渐进，不可一次性增加过量。常见的残疾人有氧运动包括轮椅健身操、轮椅舞蹈、轮椅移动等。

（二）力量练习

如图3-1所示，力量练习是肌肉在克服阻力时进行的主动运动。阻力包括自身的体重、他人和外界器械的阻力。阻力的大小根据肌力而定，以经过用力后能克服阻力完成运动为度。阻力可由他人、自身的健肢或器械（如哑铃、沙袋、弹簧、橡皮筋等）提供。力量练习能显著恢复和发展肌力。

图3-1　力量练习示例

力量练习对发展肌肉力量具有良好的效果，可增加肌肉的围度，使肌纤维增粗、力量增大，促进新陈代谢。残疾人进行力量练习可以显著提高身体健康水平，增加功能活动的力量，促进功能恢复。轮椅残疾人群上肢训练和核心部位训练的很多动作和普通人群是相同的。

力量练习的三要素包括：

- 强度：个体完成一次完整范围动作时的负重。比如，哑铃弯举时哑铃的重量。
- 频率：每周或者每一段时间内同一局部肌肉训练的次数。比如，每周进行3次肩部力量训练。
- 组数和次数：次数是指肌肉完成一次完整范围动作的活动。一个动作练习中，完成既定的次数，称为一组。比如，做4组深蹲练习，每组12次，意思是每组深蹲的次数为12个，完成一组后休息，再进行下一组练习，一共4组。

（三）柔韧性练习

如图3-2所示，柔韧性练习是增加关节和关节系统的活动范围的方法。柔韧性可分为主动柔韧性和被动柔韧性。主动柔韧性是指利用自身肌肉收缩使关节达到的最大活动范围；被动柔韧性是指借助外力使关节达到的最大活动范围。

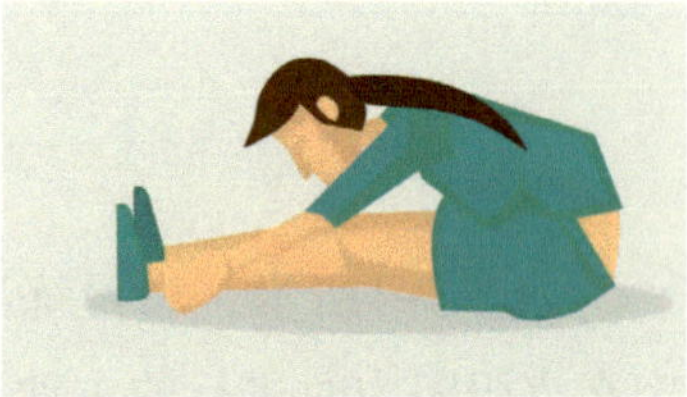

图3-2　柔韧性练习示例

人体的韧带、肌肉、肌腱、皮肤等都具有一定的延展性。柔韧性练习主要有静态拉伸和动态拉伸两种。久坐轮椅的残疾人更应该强化自身的上肢关节柔韧性练习，以提高生活质量。

二、健身的基本环节

（一）热身运动

热身运动（又称准备活动）是某些全身活动的组合。在主要身体活动之前，以较少的活动量，先行活动肢体，为随后更为强烈的身体活动做准备，目的在于提高运动的效率，增加运动的安全性，同时满足人体运动时生理和心理上的需要。热身运动可以使肌肉温度升高，增加肌肉的血流量和氧气供应，降低肌肉的黏滞性，有利于提高关节的灵敏性和协调性。热身运动的方式有很多，针对不同的运动项目可以采取不同的运动方式。在进行有氧运动时，可以先进行同项目较小强度的热身运动。如图3-3所示，力量训练前可以先进行重量较轻的或自重力量的练习。热身运动是参加各种运动前所必须经历的过程，可以显著降低运动风险，保障运动安全。一般热身运动的持续时间为5 min左右，身体微微出汗时效果最好。

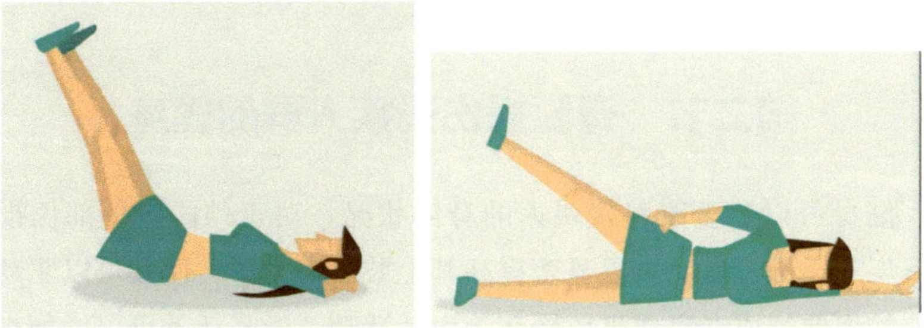

图3-3 热身运动示例

（二）正式健身活动

正式的健身活动就是有氧运动、力量练习和柔韧性练习。

（三）整理活动

整理活动是指较剧烈的体育运动结束时所做的放松练习。运动之后做整理运动，可以使人体由紧张状态过渡到安静状态。

（四）拉伸练习

如图3-4所示，拉伸练习可以放松运动后紧张的肌肉，促进血液循环，增加肌肉的营养供应，加速代谢产物的去除。拉伸练习包括主动拉伸和被动拉伸两种方式，两者相辅相成。被动拉伸的关节活动范围一般情况下大于主动拉伸，且更具有针对性；主动拉伸简单易行，需要肌肉力量的结合，更具有功能性。主动拉伸的安全性更高些。

图3-4　拉伸练习示例

第二节　脊髓损伤残疾人群的健身

健身可以显著改善残疾人的身体状况，对于颈段以下部位损伤的残疾人，健身运动可以显著提高其上肢肌肉力量，使其可以驱动轮椅、拄拐前行或者完成坐位转移等生活活动。健身活动可以增加脊髓损伤残疾人参加体力活动的时间，减少久坐少动的行为，有利于有氧能力的提升，对心肺和循环系统产生积极的影响。健身活动可以改善脊髓损伤残疾人的躯干功能，增加坐位平衡能力，为其他体力活动的参与奠定基础。健身还可以改善脊髓损伤残疾人的心理状况，让他们有更多的机会接触他人，进行交流，打开心结，提高对社会的适应能力。

下面的练习主要针对的是颈段以下部位损伤的人群，即可以使用轮椅的人群。

一、轮椅技能练习

颈段以下脊髓损伤的残疾人大多数的日常行为活动需要借助轮椅来完成，熟练地掌握轮椅技能可以大大提升其生活质量，扩大其活动范围，增加其与外界接触的机会，提高其身心健康水平。

在进行轮椅技能练习前，要进行坐位平衡的训练。很多脊髓损伤的残疾人，由于损伤造成躯干部位的功能性减退，坐位平衡可能会受到限制，这就需要加强核心肌群力量，可以做有辅助的臀桥训练、仰卧起坐训练等。如果躯干部位受伤严重，可以在练习时系上安全带，同时抬高后边的靠背，防止其在运动中从轮椅上掉下，造成意外受伤。

（一）轮椅上、下台阶的训练

生活中难免会碰到一些小的障碍物和台阶，不会使用轮椅上、下台阶，会造成诸多不便。下面介绍轮椅上、下台阶的方法。

1. 轮椅上台阶

方法：将轮椅移动到台阶前，使轮椅前边的小轮距离台阶10 cm左右。抬起前脚轮，向前移动轮椅，使前脚轮落在台阶上。身体重心前倾，两手抓住轮椅手轮圈的两点钟位置，同时向前下方用力，将轮椅摇上台阶。

注意：开始时可以用较低的台阶练习，掌握后再逐渐增加台阶的高度。

2. 轮椅下台阶

轮椅下台阶主要有两种方法，即正面下台阶和后面下台阶。

（1）正面下台阶。

适用范围：此方法适用于台阶比较低的时候，一般是8 cm以下。

方法：前轮在前，在下台阶之前，首先要将身体重心后仰，先将前脚轮放到台阶下。双手控制手轮圈，缓慢将后轮移动下来。

（2）后面下台阶。

适用范围：此方法适用于高度大于8 cm的台阶。

方法：在下台阶时，调整轮椅的位置，使后轮先着地，后轮下的过程中，身体的重心一定要靠前，核心力量不足的残疾人可俯身在大腿上。双手紧握手轮圈，缓慢移动，防止后轮着地后轮椅后翻。

（二）轮椅上、下坡的练习

1. 上坡

为防止轮椅向后翻倒，上坡时身体必须前倾。这个动作对于核心力量较强的残疾人来说相对容易，但对于核心力量弱的人来说就要进行训练，因为核心力量弱的残疾人担心将身体放在大腿上，会向前跌倒。

方法：先在平地上进行练习，体会身体前倾的感觉，适应这种感觉，再逐渐增加坡度训练。必要时指导者可以辅助，压住残疾人的肩膀，不让其躯干上抬，同时给予保护。

2. 下坡

方法：下坡的时候身体后倾，紧贴靠背，用手紧紧握住手轮圈，缓慢松力并对手轮圈施加均匀的力，使轮椅缓慢移动。

（三）轮椅绕障碍物练习

在面积比较大的空地，放置若干旗杆进行，进行绕过旗杆的移动练习，练习中不能碰到旗杆，且要尽快到达目的地。

二、呼吸功能训练

可以进行深呼吸、吹气球、用吸管在水盆里吹气等练习，还可以进行大声说话、唱歌等训练，以提升呼吸功能。

三、上肢力量练习

对于颈段以下脊髓损伤的残疾人，他们的上肢功能基本正常，可以进行正常的肌肉力量和耐力训练。有些残疾人的躯干功能受到影响，可以用上肢进行辅助练习，同时加强呼吸功能的训练。

（一）肩部提拉

方法：如图3-5所示，双手握住哑铃置于身体两侧，左右手交替向上举哑铃（超过头部），上举过程中，保持哑铃在同一矢状面，保持躯干稳定。

负荷：每组10～12次，共4组，组间休息1～2 min。

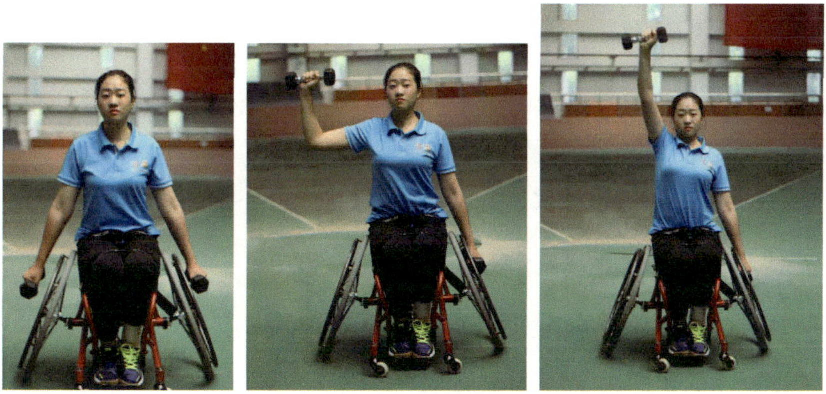

图3-5 肩部提拉

（二）两臂侧平举

方法：如图3-6所示，双手握住哑铃置于身体两侧，然后两臂在身体侧面上抬，肩关节外展90°，再缓慢回到起始位置。

负荷：每组10～12次，共做4组，组间休息1～2 min。

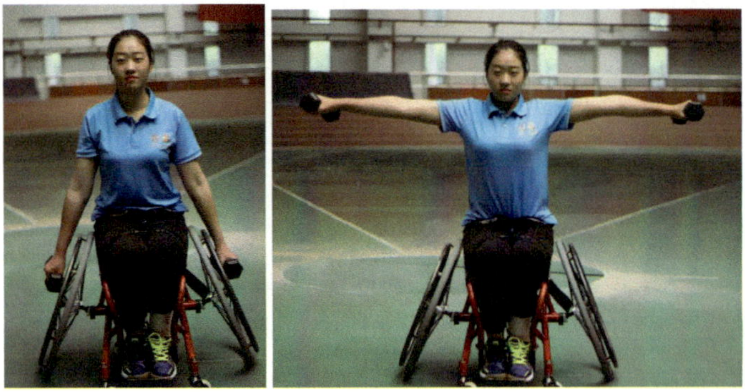

图3-6　两臂侧平举

（三）直臂前平举

方法：如图3-7所示，双手握住哑铃置于身体两侧，两臂伸直，向前上方屈曲到90°，缓慢回到起始位置。

负荷：每组10～12次，共做4组，组间休息1～2 min。

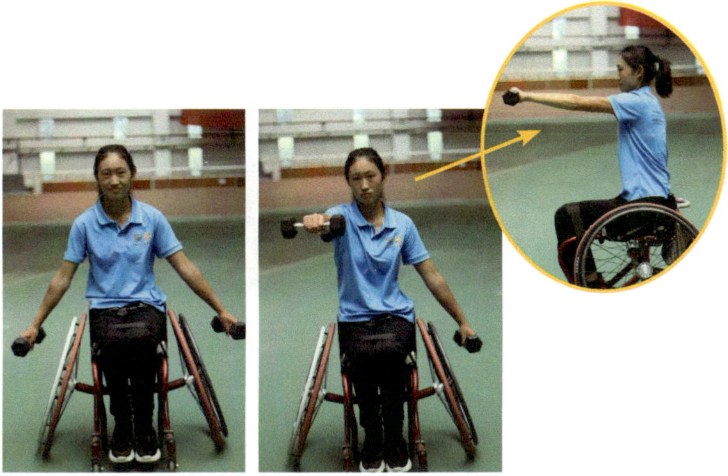

图3-7 直臂前平举

（四）躬身飞鸟

方法：如图3-8所示，双手空手握拳（也可握住哑铃）置于身体两侧，身体前屈，然后两臂侧平举，拳心向下，再缓慢回到起始位置。

负荷：每组10～12次，共做4组，组间休息1～2 min。

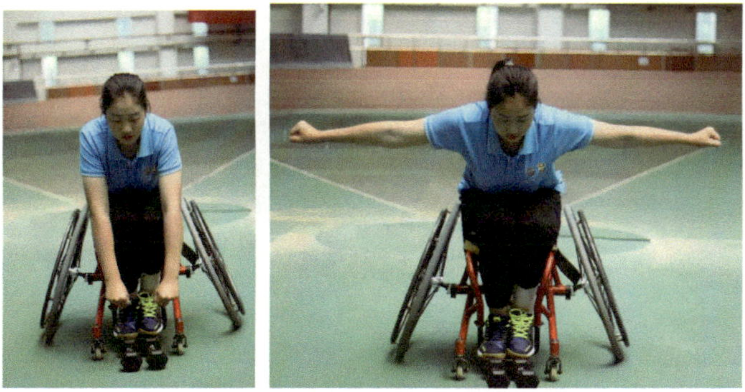

图3-8 躬身飞鸟（空手握拳或持哑铃）

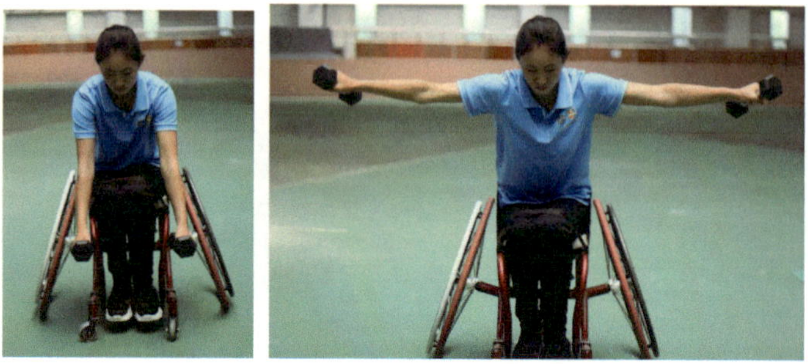

续图3-8 躬身飞鸟（空手握拳或持哑铃）

（五）双臂弯举

方法：如图3-9所示，双手握住哑铃置于身体两侧，保持上臂垂直，前臂屈曲至最大角度，然后，缓慢回到起始位置。

负荷：每组10～12次，共做4组，组间休息1～2 min。

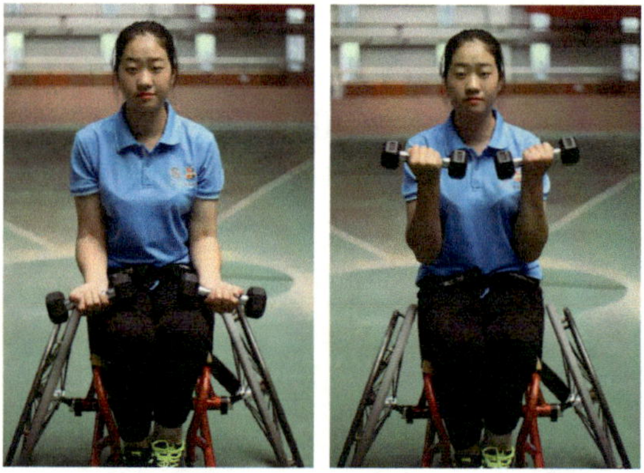

图3-9 双臂弯举

（六）正、反握腕举

方法：如图3-10所示，前臂屈曲90°，双手握住哑铃，正手、反手分别做腕关节的屈伸运动。

负荷：每组10～12次，共做4组，组间休息1～2 min。

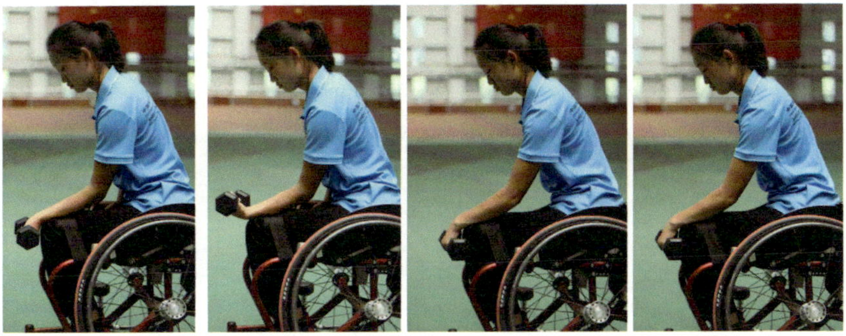

图3-10 正、反握腕举

（七）转体运动

方法：如图3-11所示，前臂屈曲90°，双手握住哑铃，上臂紧贴身体，做左、右方向的转体运动。

负荷：每组10～12次，共做4组，组间休息1～2 min。

图3-11 转体运动

（八）扩胸运动

方法：如图3-12所示，双手握住哑铃，将手臂抬高，两臂平举成一条水平线，双手握拳摆在胸前，肩关节水平外展，肘关节屈曲90°。

负荷：每组10～12次，共做4组，组间休息1～2 min。

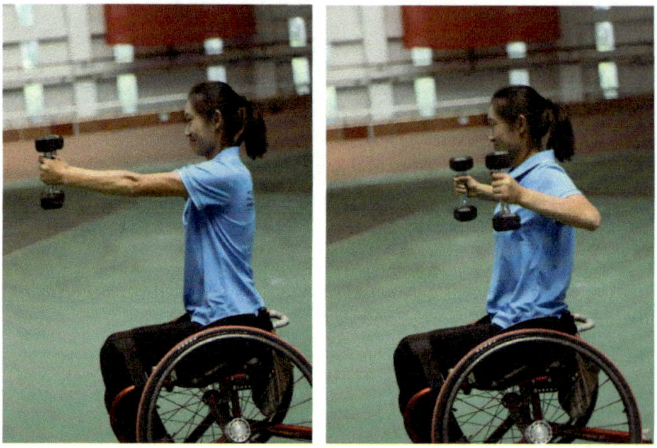

图3-12 扩胸运动

四、常见轮椅运动

常见的轮椅运动包括轮椅篮球、轮椅乒乓球等。

（一）轮椅篮球

残疾人五对五进行比赛，双方运动员使用轮椅进行移动。轮椅篮球没有两次运球违例，但场上轮椅篮球运动员持球移动时，推动轮椅1～2次后就必须拍球一次或多次，或传球、投篮。比赛时，运动员的脚不能触及地面，臀部亦不能离开轮椅。轮椅篮球的练习方法包括无球的跑动练习、地面捡球练习、传接球练习和投篮练习。

（二）轮椅乒乓球

脊髓损伤残疾人可以坐在轮椅上进行乒乓球运动。轮椅乒乓球的练习方法包括发球，搓球，推挡，正、反手击球等。

五、脊髓损伤人群运动的注意事项

（一）防止褥疮

褥疮是轮椅使用人群常见的症状。久坐，局部压力过大，血液循环不畅，容易造成皮肤溃烂，形成褥疮。为预防褥疮，首先应该减少坐的时间，每30 min左右就改变身体姿势，休息5 min。另外，坐椅的硬度要适中。注意训练的环境，温度、湿度不可过高。

（二）预防体位性低血压

脊髓损伤人群受伤后长期卧床，恢复后进行健身锻炼时应循序渐进，防止从卧位到坐位、站位时血液供应不足，造成体位性低血压。

（三）控制运动时的心率（低于健全人群）

脊髓损伤人群的交感神经受到抑制，以迷走神经支配为主，会限制心率的上升，因此在锻炼时心率可能比健全人群的心率低。

（四）防止轮椅翻倒，防止碰撞

运动中操作轮椅的难度很大，辅助人员要特别注意保护。练习者也要时刻注意安全，以免因轮椅翻倒或碰撞造成自身或他人损伤。

（五）循序渐进

运动量、运动强度的增加及运动技术的学习都应该循序渐进。

第三节　截肢残疾人群的健身

健身可使残疾人在心理上对自己认可，让截肢者认识到虽然部分肢体已经失去，但其他肢体依然可以正常运动。健身锻炼能使他们身心舒畅，有更多机会与他人接触，也能更好地融入社会。

一、假肢

（一）假肢的定义

假肢，又称“义肢”，是截肢者使用的以代偿缺损肢体部分功能的人工假体。假肢根据部位可以分为上肢假肢和下肢假肢。根据应用价值可以分为装饰性假肢和功能性假肢。常见的功能性假肢包括电动假肢、肌电假肢、工具手等。

（二）假肢的选择

假肢要安全有效，兼具舒适性和功能性。

穿戴假肢时应特别注意假肢与肢体的结合处，运动时该处受到的压力大，残肢可能会出现红、肿、热、痛等症状。出现上述情况，应立即停止运动，及时与医生或者假肢佩戴专业人员沟通。截肢者应合理膳食，注意控制体重，防止假肢穿戴问题的发生。

二、截肢残疾人群的健身运动

截肢残疾人应该对自己失去的和尚有的功能有充分的认知。对于下肢截肢者，上肢的力量训练尤为重要，同时也要注意对残肢的训练，比如小腿截肢者仍然需要进行大腿肌肉的训练；前臂截肢者，健侧手臂和下肢的力量训练依然可以进行。

由于截肢会导致残疾人的站立平衡受限，因此下肢截肢者的健身活动应以坐位训练为主，可进行肩关节、肘关节、腕关节和健侧下肢的髋关节、膝关节、踝关节以及残肢的训练。

另外，还可进行核心肌群的训练。仰卧起坐、平板支撑和侧位平板支撑等力量练习可以增强截肢残疾人的核心力量，增强其身体稳定性。

（一）上肢力量训练

1. 引体向上

方法：正手或反手握单杠进行引体向上训练，以加强背部肌肉和上肢力量。

负荷：每组10～12次，共做4组，组间休息1～2 min。

2. 坐位杠铃上举

方法：如图3-13所示，坐位进行训练，选择合适重量的哑铃，双手握住哑铃置于肩侧，向上推举过头顶至双臂伸直，再缓慢回到起始位置。

负荷：每组10～12次，共做4组，组间休息1～2 min。

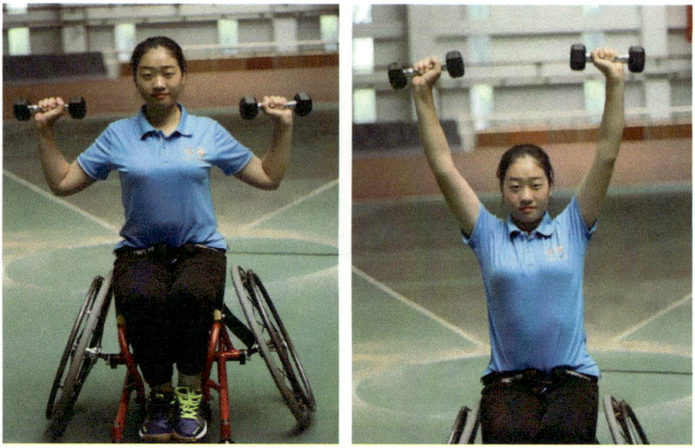

图3-13 坐位杠铃上举

3. 上提哑铃

方法：如图3-14所示，屈膝弯腰握住哑铃，上提杠铃到上臂与地面平行，然后缓慢回到起始位置。上提时呼气，放下时吸气。

负荷：每组10～12次，共做4组，组间休息1～2 min。

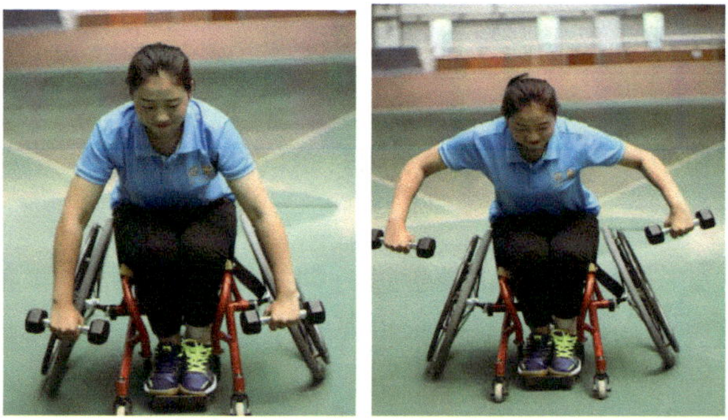

图3-14 上提哑铃

4. 直背挺身

方法：如图3-15所示，坐位或俯卧在床边或器械上，固定下肢，屈体向下。然后，抬高躯干，再缓慢回到起始位置。

负荷：每组10～12次，共做4组，组间休息1～2 min。

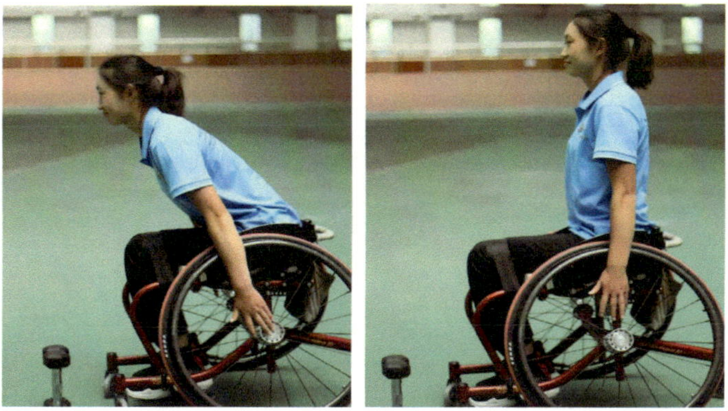

图3-15 直背挺身（坐位）

（二）下肢力量训练

1. 股四头肌的训练

对于膝关节以上下肢截肢者不适用，其他截肢者均可以进行。

方法：可以进行原地自重或负重的蹲起练习，以及坐位膝关节的自重或负重训练等。

负荷：每组10～12次，共做4组，组间休息1～2 min。

2. 提踵训练

方法：站立位，健侧足用力将足跟抬起。在开始阶段可以用手扶墙以保持稳定。

负荷：每组10～12次，共做4组，组间休息1～2 min。

（三）截肢残疾人群的拉伸训练

拉伸训练可以增加截肢者的柔韧性，增加关节的活动度，减少运动损伤。进行大强度的力量训练后要进行拉伸训练，拉伸训练主要包括静态拉伸和动态拉伸两种。

1. 颈部伸展

方法：如图3-16所示，颈部向前屈到下巴触及胸部。然后，向后仰头，尽可能地抬高下巴，头回到中立位后，再向左、右侧屈至最大范围，然后，环转头部。

图3-16　颈部伸展

2. 坐位体前屈

方法：如图3-17所示，坐位，双腿伸直，然后伸直手臂，慢慢触碰自己的脚尖，保持15s，再回到起始位置。

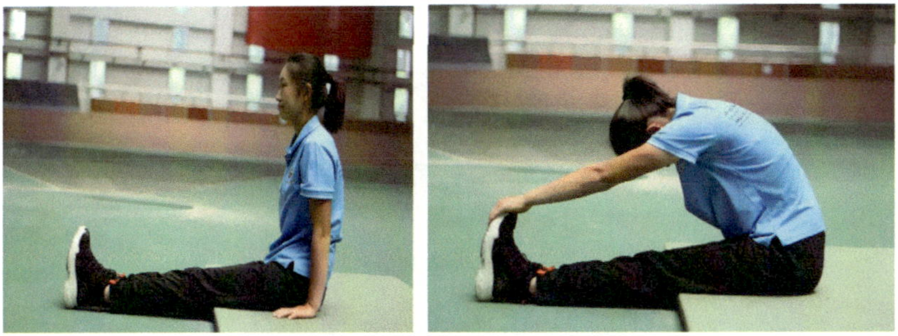

图3-17 坐位体前屈

3. 跪姿体前屈

方法：如图3-18所示，跪姿，以膝盖和双手为着力点，躯干尽可能向下弯曲，低头含胸，感受背部的拉伸。

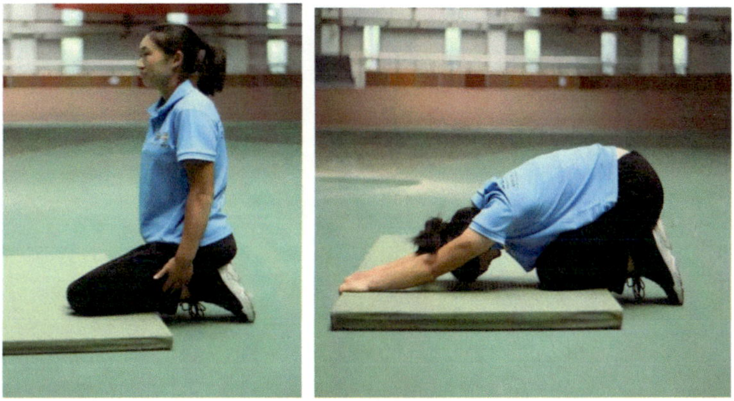

图3-18 跪姿体前屈

4. 肩关节拉伸

方法：如图3-19所示，一侧上臂水平贴近胸口，再利用另一侧前臂向内压。两侧交替练习。

图3-19　肩关节拉伸

5. 大腿后侧肌群拉伸

方法：如图3-20所示，平躺，伸直双腿。轮流将一侧腿抬起，并尽量保持膝关节伸直、固定，将腿朝向身体方向拉。

图3-20　大腿后群拉伸

6. 大腿内收肌拉伸

方法：如图3-21所示，尽量分开双腿，保持下肢伸直，手扶一侧脚尖保持15 s以上。然后，回到起始位置，换一侧重复此练习。

图3-21　大腿内收肌拉伸

续图3-21 大腿内收肌拉伸

（四）截肢残疾人的弹力带练习

1. 头侧屈还原

目的：发展头侧屈肌群的力量，如胸锁乳突肌。

方法：弹力带系于头部与右手间，头颈部牵拉弹力带，由右侧屈位至中立位。左右交替练习。

负荷：每组10次，然后放松还原，重复3组。

要点：动作过程中，用力缓慢、柔和，身体尽量保持正直。

2. 反握屈腕

目的：发展腕关节屈曲肌群的力量，如尺侧腕屈肌。

方法：如图3-22所示，坐在轮椅上，弹力带固定在右手与轮椅上，右手手臂紧贴体侧，上臂与前臂约成90°，右手掌心向上，右手向上牵拉弹力带，再缓慢还原，双手交替练习。

负荷：每组10次，然后缓慢放松，重复3组。

要点：动作过程中，前臂保持外旋。

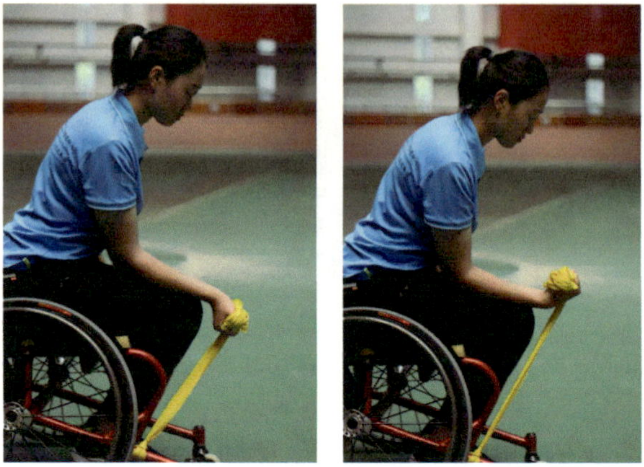

图3-22　反握屈腕

3. 正握伸腕

目的：发展腕关节伸展肌群的力量，如尺侧腕伸肌。

方法：如图3-23所示，坐在轮椅上，弹力带固定在右手与轮椅上，右手手臂紧贴体侧，上臂与前臂成90°，右手拳心向下，右手向上牵拉弹力带，再缓慢还原，双手交替练习。

负荷：每组10次，然后缓慢放松，重复3组。

要点：动作过程中，前臂保持内旋。

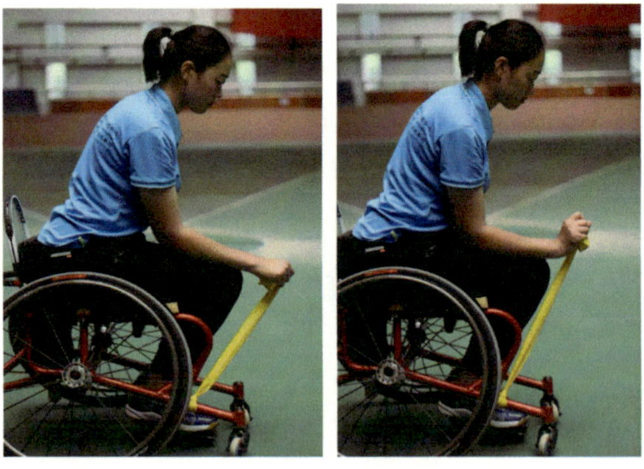

图3-23　正握伸腕

4. 侧腕外展

目的：发展腕关节外展肌群的力量，如桡侧腕伸肌。

方法：如图3-24所示，坐在轮椅上，弹力带固定在右手与轮椅上，右手手臂紧贴体侧，上臂与前臂成90°，右手拳心向左，右手腕关节外展，向上牵拉弹力带，再缓慢还原，双手交替练习。

负荷：每组10次，然后缓慢放松，重复3组。

要点：动作过程中，肘关节保持固定，前臂保持稍内旋。

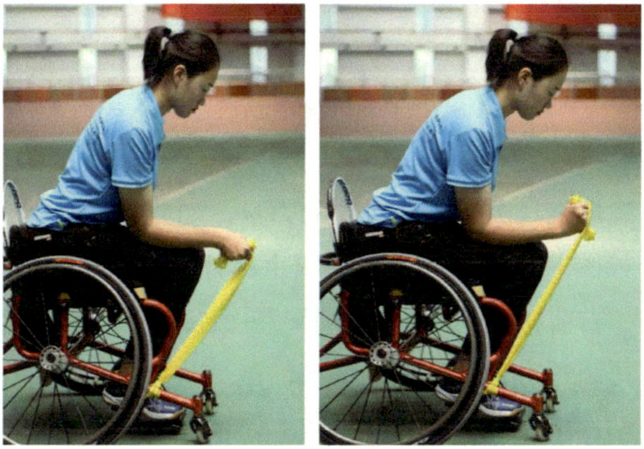

图3-24 侧腕外展

5. 单臂屈肘

目的：发展肘关节屈曲肌群的力量，如肱肌。

方法：如图3-25所示，坐在轮椅上，弹力带固定在右手与轮椅上，右上臂紧贴体侧，右手掌心向上，屈肘，向上牵拉弹力带，再缓慢还原，双手交替练习。

负荷：每组10次，然后缓慢放松，重复3组。

要点：动作过程中，前臂尽量靠近上臂。

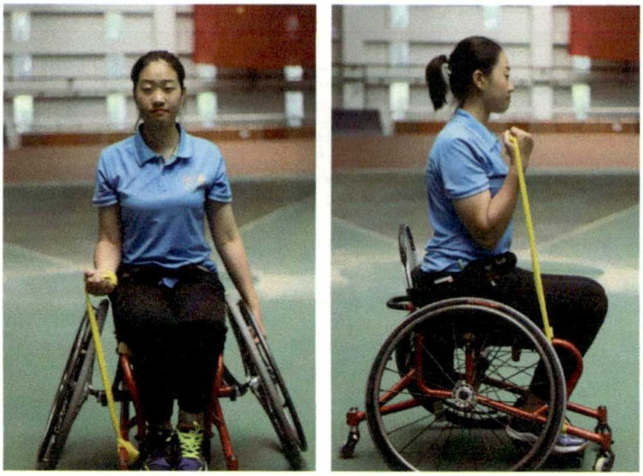

图3-25 单臂屈肘

6. 体后单臂伸展

目的：发展桡尺关节伸展肌群的力量，如肱三头肌。

方法：如图3-26所示，坐在轮椅上，弹力带位于体后，固定在右手与轮椅上，右前臂向上牵拉弹力带，再缓慢还原，两臂交替练习。

负荷：每组10次，然后缓慢放松，重复3组。

要点：动作过程中，前臂尽量向上伸直。

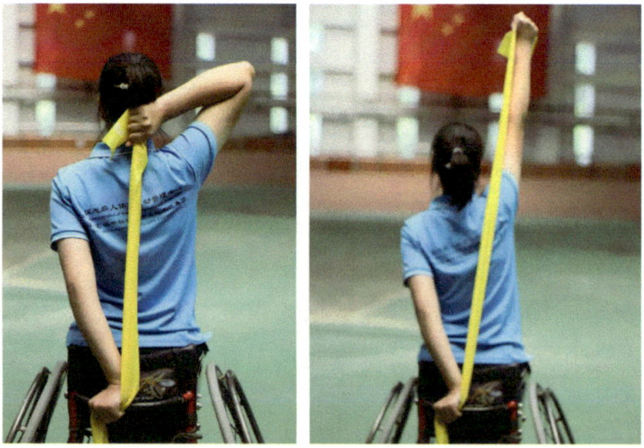

图3-26 体后单臂伸展

7. 单臂腕内旋

目的：发展肘关节旋内肌群的力量，如旋前圆肌。

方法：如图3-27所示，坐在轮椅上，弹力带固定在右手与轮椅上，右上臂紧贴体侧，上臂与前臂成90°，右手掌心由外向内转动，牵拉弹力带，再缓慢还原，双手交替练习。

负荷：每组10次，然后缓慢放松，重复3组。

要点：动作过程中，上臂保持紧贴体侧，上臂与前臂成90°。

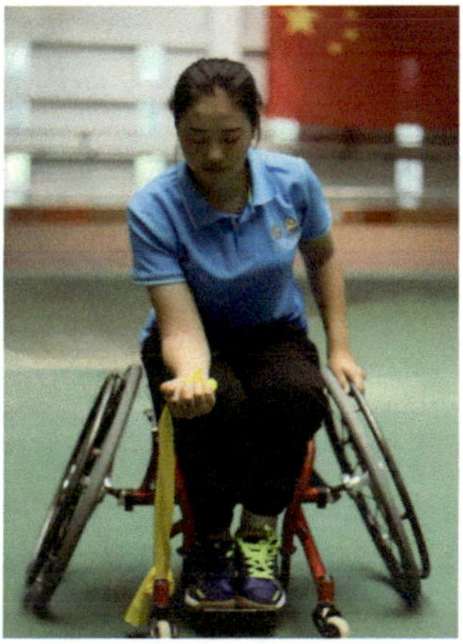

图3-27 单臂腕内旋

8. 单臂水平牵拉

目的：发展肩关节伸肌群和肘关节屈肌群的力量，如肱二头肌。

方法：如图3-28所示，坐在轮椅上，弹力带系于练习者右手与同伴（或把杆）间，屈右肘，牵拉弹力带，至上臂与前臂成90°，再缓慢还原，两臂交替进行。

负荷：每组10次，然后缓慢放松，重复3组。

要点：动作过程中，躯干尽量保持直立。

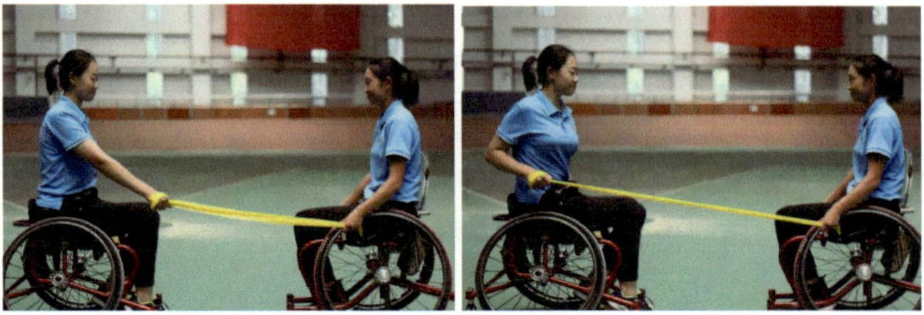

图3-28　单臂水平牵拉

9. 单臂旋内牵拉

目的：发展肩关节旋内肌群的力量，如肩胛下肌。

方法：如图3-29所示，坐在轮椅上，弹力带系于左手与把杆间，屈左肘，左前臂与上臂成90°，左前臂向内牵拉弹力带，再缓慢还原，两臂交替进行。

负荷：每组10次，然后缓慢放松，重复3组。

要点：动作过程中，躯干尽量保持直立。

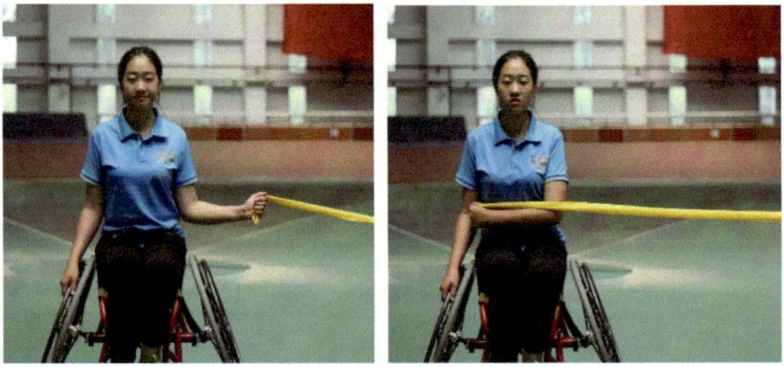

图3-29　单臂旋内牵拉

10. 单臂旋外牵拉

目的：发展肩关节旋外肌群的力量，如冈下肌。

方法：如图3-30所示，坐在轮椅上，弹力带固定于右手与把杆，屈右肘，右前臂与上臂成90°，右前臂向外牵拉弹力带,再缓慢还原，两臂交替进行。

负荷：每组10次，然后缓慢放松，重复3组。

要点：动作过程中，躯干尽量保持直立。

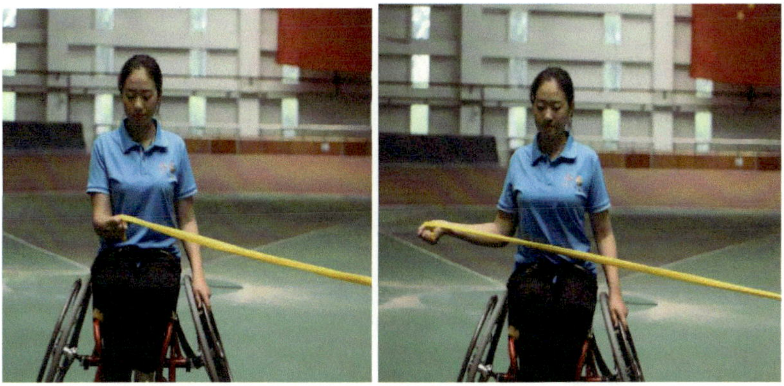

图3-30 单臂旋外牵拉

11. 两臂胸前平推

目的：发展上臂伸展肌群的力量，如肱三头肌。

方法：如图3-31所示，坐在轮椅上，弹力带经背部固定于双手，两臂屈曲于胸侧，然后向前用力推出，再缓慢还原。

负荷：每组10次，然后缓慢放松，重复3组。

要点：动作过程中，躯干尽量保持直立。

图3-31 两臂胸前平推

12. 单臂体前平举

目的：发展肩关节屈曲肌群的力量，如三角肌前束。

方法：如图3-32所示，坐在轮椅上，弹力带固定在右手与轮椅上，右臂直臂向前上方牵拉弹力带，再缓慢还原，双手交替练习。

负荷：每组10次，然后缓慢放松，重复3组。

要点：动作过程中，沉肩，尽量保持躯干直立。

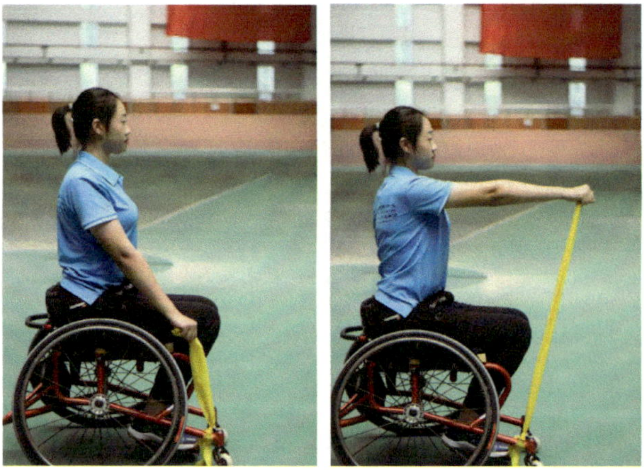

图3-32　单臂体前平举

13. 单臂体侧平举

目的：发展肩关节外展肌群的力量，如三角肌。

方法：如图3-33所示，坐在轮椅上，弹力带固定在右手与轮椅上，右臂于体侧向上牵拉弹力带，再缓慢还原，双手交替练习。

负荷：每组10次，然后缓慢放松，重复3组。

要点：动作过程中，沉肩，尽量保持躯干直立。

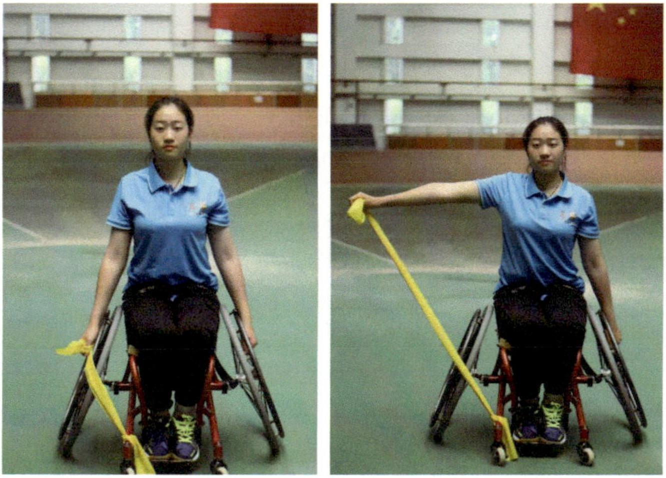

图3-33 单臂体侧平举

14. 单臂胸前平伸

目的：发展肘关节伸展肌群的力量，如肱三头肌。

方法：如图3-34所示，坐在轮椅上，弹力带固定在右手与轮椅上，右臂向前伸展，牵拉弹力带，再缓慢还原，双手交替练习。

负荷：每组10次，然后缓慢放松，重复3组。

要点：动作过程中，尽量保持躯干直立。

图3-34 单臂胸前平伸

15. 体侧屈臂上拉

目的：发展肩关节旋外肌群的力量，如冈下肌。

方法：如图3-35所示，坐在轮椅上，弹力带固定在右手与把杆上，右侧上臂侧平举，上臂与前臂成90°，右手掌心向下，肘关节固定，向上牵拉弹力带，再缓慢还原，双手交替练习。

负荷：每组10次，然后缓慢放松，重复3组。

要点：动作过程中，上臂侧平举，躯干尽量保持直立。

图3-35　体侧屈臂上拉

16. 体侧屈臂下拉

目的：发展肩关节旋内肌群的力量，如肩胛下肌。

方法：如图3-36所示，坐在轮椅上，弹力带固定在左手与把杆上，左侧上臂侧平举，上臂与前臂成90°，左手掌心向前，向下牵拉弹力带，直至前臂与肩处于同一水平面，再缓慢还原，双手交替练习。

负荷：每组10次，然后缓慢放松，重复3组。

要点：动作过程中，上臂侧平举，躯干尽量保持直立。

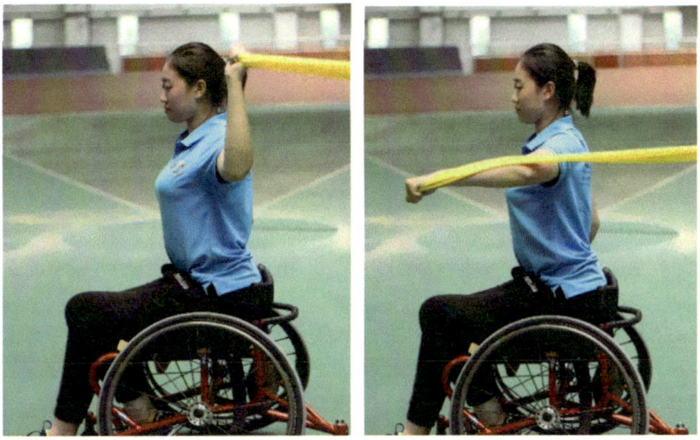

图3-36 体侧屈臂下拉

17. 两臂侧屈上举

目的：发展肩关节外展肌群、肘关节伸展肌群的力量，如三角肌和肱三头肌。

方法：如图3-37所示，坐在轮椅上，弹力带系在双手与轮椅间，两臂体侧屈，然后上举牵拉弹力带，直至肘关节伸直，再缓慢还原。

负荷：每组10次，然后缓慢放松，重复3组。

要点：动作过程中，躯干尽量保持直立。

图3-37 两臂侧屈上举

18. 坐位转体

目的：发展腹部肌群的力量，如腹内、外斜肌。

方法：如图3-38所示，坐在轮椅上，弹力带一端固定，另一端用手紧握，并经身体一侧拉至对侧，同时转体，再缓慢还原，双侧交替练习。

负荷：每组10次，然后缓慢放松，重复3组。

要点：动作过程中，头颈部伸直，躯干尽量保持直立。

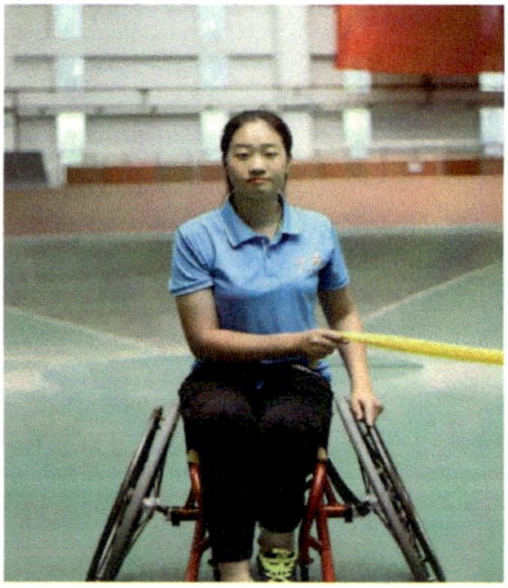

图3-38 坐位转体

19. 侧卧位屈膝展髋

目的：重点发展臀部与大腿外侧肌群的力量，如臀大肌。

方法：如图3-39所示，左侧卧，两腿并拢并微屈，弹力带系于膝关节，右侧臀部和大腿外侧发力，向外牵拉弹力带，并缓慢还原，两腿交替练习。

负荷：每组10次，然后缓慢放松，重复3组。

要点：动作过程中，当一侧腿外旋时，髋关节和对侧腿尽量保持不动。

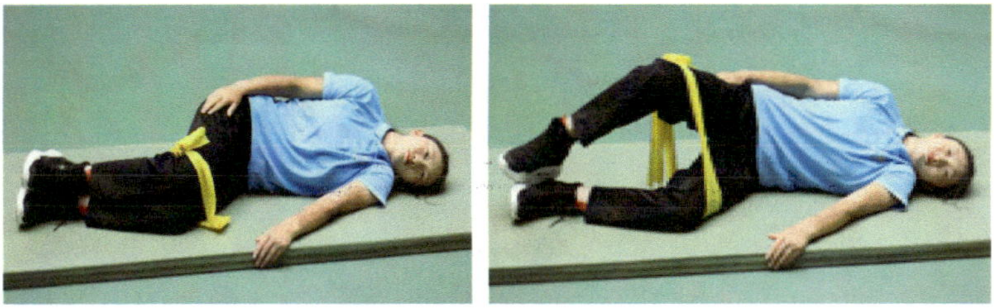

图3-39 侧卧位屈膝展髋

20. 侧卧位直膝展髋

目的：重点发展臀部与大腿外侧肌群的力量，如臀大肌。

方法：如图3-40所示，左侧卧，屈左膝，伸右腿，弹力带系于踝关节，右侧臀部和大腿外侧发力，向外牵拉弹力带，再缓慢还原，两腿交替练习。

负荷：每组10次，然后缓慢放松，重复3组。

要点：动作过程中，当一侧腿外展时，髋关节和对侧腿尽量保持不动。

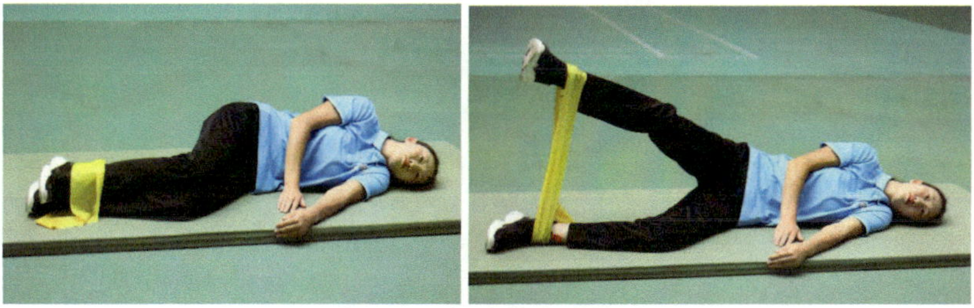

图3-40 侧卧位直膝展髋

21. 仰卧举腿

目的：发展大腿前部肌群的力量，如股四头肌。

方法：如图3-41所示，仰卧位，屈左膝，伸右腿，弹力带系于左脚掌和右脚踝，右腿微屈抬起，牵拉弹力带，再缓慢还原，两腿交替练习。

负荷：每组10次，然后缓慢放松，重复3组。

要点：动作过程中，抬起腿的膝关节尽量保持不动。

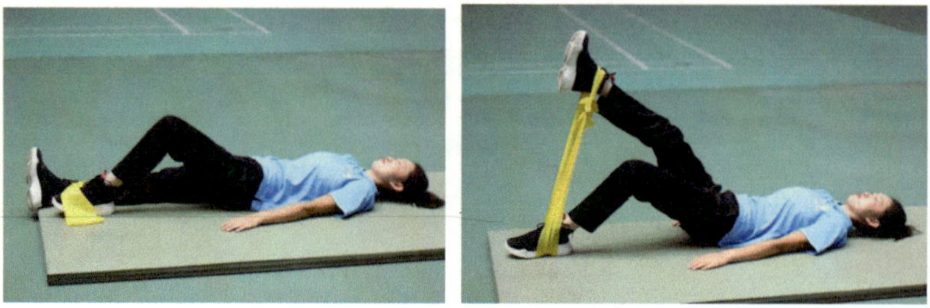

图3-41　仰卧举腿

22. 俯卧屈膝

目的：发展大腿后部肌群的力量，如股二头肌。

方法：如图3-42所示，俯卧位，两腿伸直，弹力带系于左脚掌和右脚踝，屈左膝，向上牵拉弹力带，并缓慢还原，两腿交替练习。

负荷：每组10次，然后缓慢放松，重复3组。

要点：髋部和异侧腿紧贴地面。

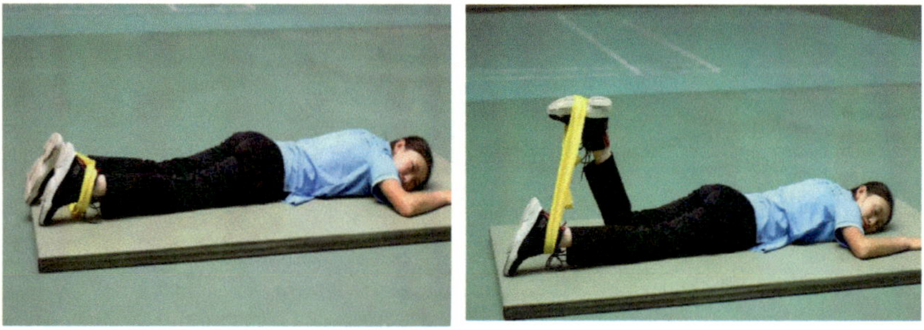

图3-42　俯卧屈膝

截肢残疾人还可以在佩戴假肢的情况下进行跑步训练，但要注意跑步的速度和距离，要循序渐进。也可以参与球类运动，锻炼方法参见第三章第二节。

三、截肢残疾人群运动的注意事项

（一）保持适当的体重

体重过大对于走、跑和其他动作都没有好处，反而会加重身体的负担，造成更多的能量消耗和负重。

（二）防止肌肉萎缩

肌肉萎缩会造成假肢接受腔不合适，影响残肢代偿功能。

（三）避免残肢的肿胀和脂肪的沉积，注意皮肤并发症的处理

运动时，残肢与假肢之间的摩擦，会造成残肢肿胀和脂肪沉积。常见的皮肤问题主要是湿疹。要早发现，早治疗，防止出现更严重的问题。

第四节 脑瘫残疾人群的健身

一、脑瘫残疾人群的身体特点

脑瘫残疾人群的身体特点主要为肌张力过高，严重者会出现肌肉痉挛的症状。肌张力过高会导致关节挛缩，关节活动范围缩小，姿势控制能力和动作协调性受限，坐位平衡和站位平衡能力较差。

由于身体原因，残疾人大多数都存在心理创伤，这导致脑瘫残疾人群不愿意与他人交往，脾气暴躁，无法控制情绪，大哭大闹，无法与其他人正常交流，时常会产生孤独感。

脑瘫残疾人群主要是年龄较小的儿童，因此健身的方式也具有特殊性，要体育活动与游戏相结合。游戏性的健身运动对儿童更具有吸引力，可以调动他们的积极性，让他们在游戏中感受快乐，培养良好的心态，同时改善运动功能，提高他们适应社会的能力和生活质量。

二、健身对脑瘫残疾人群的益处

健身对脑瘫残疾人群有以下益处：

- 控制体重，抑制肥胖。
- 促进骨骼肌肉的生长发育。
- 改善心血管系统功能和体能。
- 改善呼吸功能和控制呼吸的能力。
- 预防骨质疏松和骨折。
- 团队活动可以让脑瘫儿童学会鼓励与分享，建立自尊和自信。

三、脑瘫残疾人群的健身特点

（一）集体训练

由于脑瘫儿童长期在家，与外界的交流较少，进行集体训练可以为他们营造良好的锻炼环境，鼓励他们与其他儿童玩耍和交流，产生良好的效果。集体训练的内容应该相对简单易学，同时要引导脑瘫儿童遵守纪律和秩序，让他们在进行娱乐性锻炼的同时，学会遵守纪律，建立规则意识。

（二）寓教于乐

游戏中要教会脑瘫儿童一些简单的知识，将知识的学习贯穿游戏锻炼。

（三）娱乐性

脑瘫儿童的注意力无法集中很长时间，游戏的娱乐性是吸引脑瘫儿童的关键，游戏可以让他们在快乐中改善身体运动功能。

四、脑瘫残疾人群的健身方法

（一）脑瘫残疾人群体操

1. 头部运动

头部的前屈后伸运动和侧屈运动。

2. 肩部运动

方式：如图3-43所示，伸直双臂做肩关节的屈曲、伸展、内收外展、水平内收外展及肩关节的环转运动。前臂屈曲90°，做肩关节的内旋外旋动作。

图3-43 肩部运动

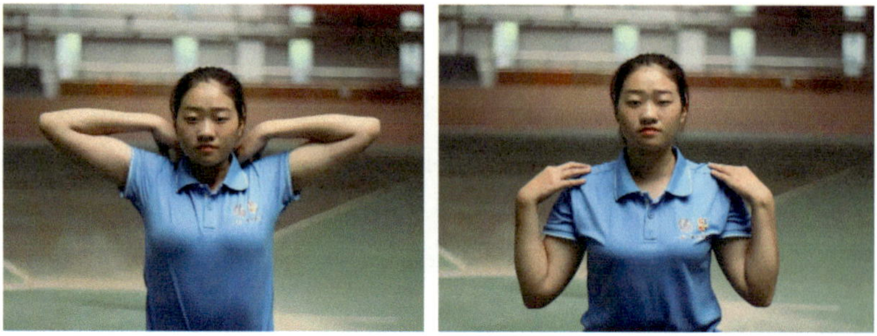

续图3-43　肩部运动

3. 肘部运动

方法：①如图3-44所示，伸直右臂，手持球拍，做前臂的旋内旋外运动。两臂交替练习。

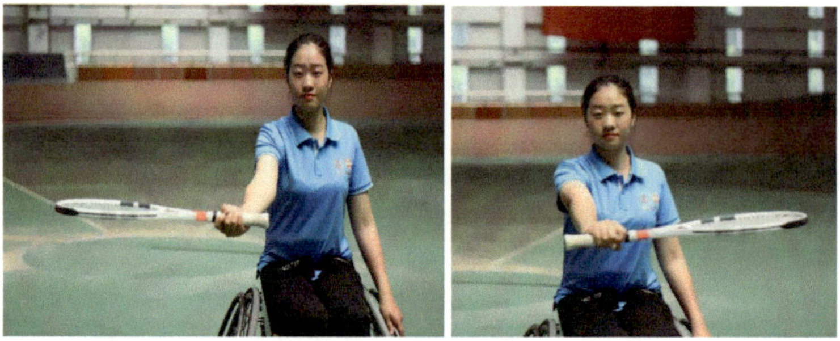

图3-44　肘关节伸位时的前臂旋内旋外运动

②如图3-45所示，右手持球拍，前臂与上臂成90°，做前臂的旋内旋外运动。两臂交替练习。

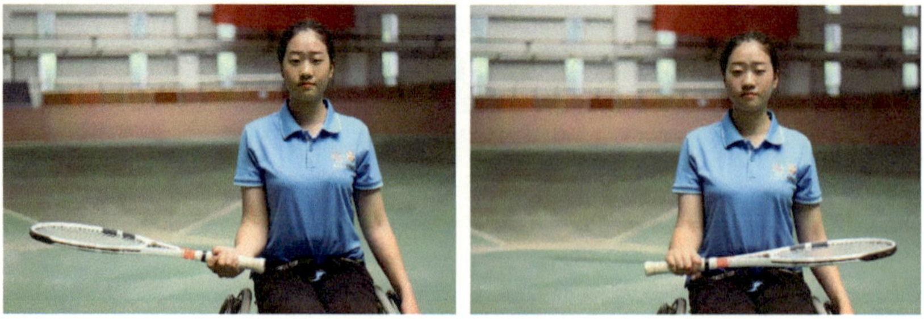

图3-45　肘关节屈位时的前臂旋内旋外运动

4. 手指运动

方法：如图3-46所示，可以做各种手势，让手指充分动起来。

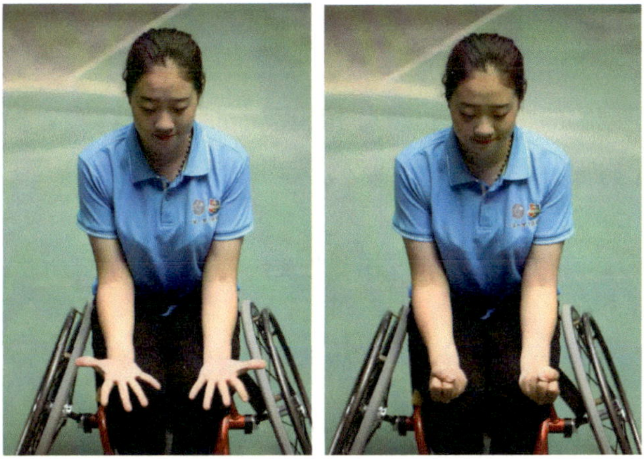

图3-46 手指运动

5. 体侧运动

方法：如图3-47所示，坐位，伸展一侧手臂过头，躯干向对侧侧屈。换方向做相同动作。

图3-47 体侧运动

下肢不受限的残疾人群可以采用站立位做该动作。

6. 翻滚练习

在垫子上进行各种翻滚练习，如前滚翻、后滚翻、侧滚翻。

7. 爬行练习

- 同手同脚的爬行运动，即同侧手脚同时向前移动。
- 先手后脚的爬行运动，即双手先向前移动，然后双脚移动跟上。

8. 膝关节屈伸运动

方法：仰卧位，交替进行膝关节和髋关节的屈伸运动。

（二）脑瘫残疾人群拉伸运动

脑瘫儿童常表现为身体内收和屈曲肌群的肌张力高，身体僵硬。因此，进行拉伸练习尤为重要。

1. 大腿后部肌肉拉伸

方法：仰卧位，两手抱住一侧膝关节，使膝关节慢慢地靠近胸部。另一条腿保持伸直状态，交替进行。

2. 腰背部肌肉伸展拉伸

方法：跪立在垫面上，双脚并拢，大脚趾贴靠，双腿并拢，臀部坐向脚后跟。然后，身体前倾，腹部贴靠大腿，收紧腹肌，前额接触垫面，脖子、下巴放松。双手自然放在身体两旁，向前伸展手臂，掌心贴地。

3. 大腿内侧肌肉拉伸

方法：跪姿屈髋，双手撑地，双膝跪地，尽量打开腹股沟。然后，前后移动髋部，把重心转移到髋关节上，感受内收肌的伸展，慢慢打开髋关节。

4. 大腿前侧肌肉拉伸

方法：站立位，一侧腿屈膝，手辅助该侧脚跟靠近臀部。

（三）脑瘫儿童音乐律动

开始的时候，家长或治疗师会跟脑瘫儿童一起随音乐表演一些姿势及动作，帮助他们举手、伸腿或蜷缩后再向上踢腿。

当脑瘫儿童可以独立运动时，他们会单独完成并自然而然地增加恰当的姿势、动作和活动。

大多数歌曲和童谣都很适合这种锻炼，家长和脑瘫儿童都会在其中获得乐趣。当然，家长要对脑瘫儿童的实足年龄保持清醒的认识，要不断提高歌曲和动作的难度。

（四）脑瘫儿童游泳

如果脑瘫儿童不害怕水，可以鼓励其在泳池里轻轻滑动，拍打四肢，双手捧水，让水从他的指缝中流下去，逐步让水扑在他的脸上，也可以让他仰躺在泳池里并打湿头发。

五、脑瘫残疾人群运动的注意事项

脑瘫残疾人群的训练一定要具有娱乐性，避免枯燥乏味的活动。

注意安全。对于趣味性活动，一定要控制脑瘫儿童的情绪，防止出现高度紧张的情绪而加重痉挛程度。

脑瘫儿童运动健身的动作要相对简单，容易接受。

对于发生过癫痫的儿童，应给予高度重视，应在医生的建议下进行合理的运动锻炼。

第五节　偏瘫残疾人群的健身

一、偏瘫残疾人群的健身特点及注意事项

偏瘫残疾人一般患侧力量较弱，练习时健侧要辅助患侧。同时要注意全身功能训练，包括健侧肢体和躯干的训练，对于脑损伤严重的偏瘫残疾人，患侧肢体，特别是患侧手的功能恢复很困难，需要注意双手交换训练，这样可以使残疾人的日常生活自理能力和运动能力有显著提高。

二、偏瘫残疾人群的健身方法

（一）垫上偏瘫体操

偏瘫残疾人每天可以进行1～2次垫上偏瘫体操的训练，每次的时间大约为40 min，在患侧肢体活动受限时，可以用健侧肢体带动患肢进行运动。上肢进行运动时，可以用Bobath握手（手指交叉，患肢大拇指在最上边），必要时可以接受他人辅助。偏瘫垫上体操可以显著增加患肢的肌力，防止肌肉萎缩，缓解肌肉萎缩造成的肩关节半脱位和疼痛等，同时可以增加关节的活动范围，防止关节挛缩。偏瘫者的一侧身体活动常受限，除了进行被动活动外，应鼓励其进行健侧带动患侧的主动运动。以下动作可以在治疗师和家属的辅助下进行，功能较好的偏瘫患者可以主动运动。偏瘫人群在进行以下运动时要注意安全，坐位的练习可在轮椅上完成，也可在垫上完成。

1. 颈部运动

方法：坐位，进行头的前屈后伸和左右方向的侧屈。

负荷：每组6～8次，共做3～4组，根据耐受情况，适量安排运动量。

注意：坐位平衡困难时，可在仰卧位完成动作。

2. 肩部运动

（1）耸肩运动。

方法：如图3-48所示，坐位，缓慢进行肩关节的上提，达到最大限度后缓慢回到原来位置。

注意：坐位平衡受限时，可在仰卧位完成动作。

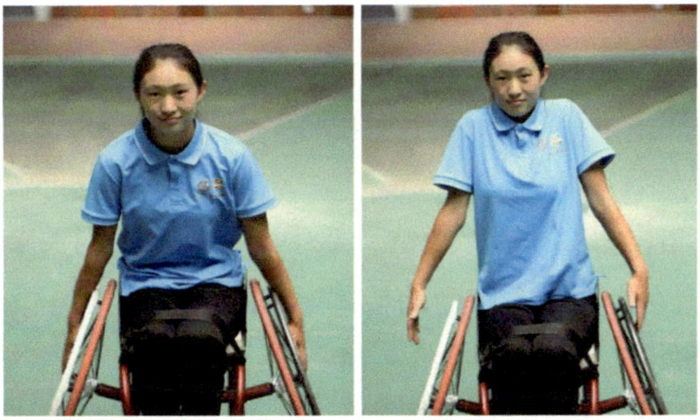

图3-48 耸肩运动

（2）双臂运动。

方法：坐位，两臂自然放松，缓慢将双臂侧平举，再缓慢放回起始位置。

负荷：每组6～8个，共做3～4组。

注意：坐位平衡受限时，可在仰卧位完成动作。

（3）肩关节的屈曲运动。

方法：如图3-49所示，双手Bobath握手，上抬手臂到最大限度，再缓慢回到起始位置。

负荷：每组6～8个，共做3～4组。

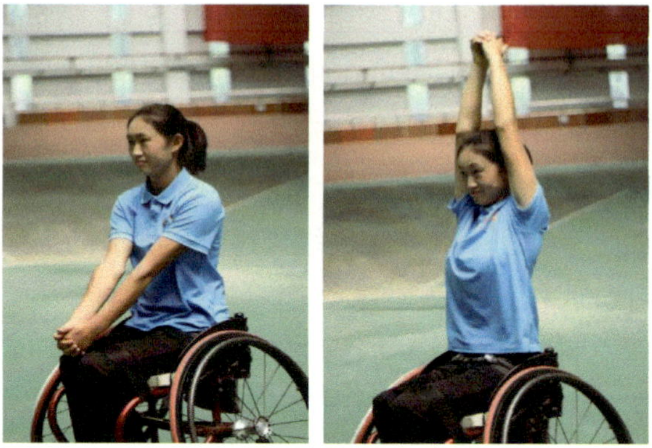

图3-49　肩关节的屈曲运动

3. 躯干旋转运动

方法：如图3-50所示，坐位，双手十指交叉。肩关节屈曲90°，肘关节伸直，左右做最大限度的转体运动。

负荷：每组6～8个，共做3～4组。

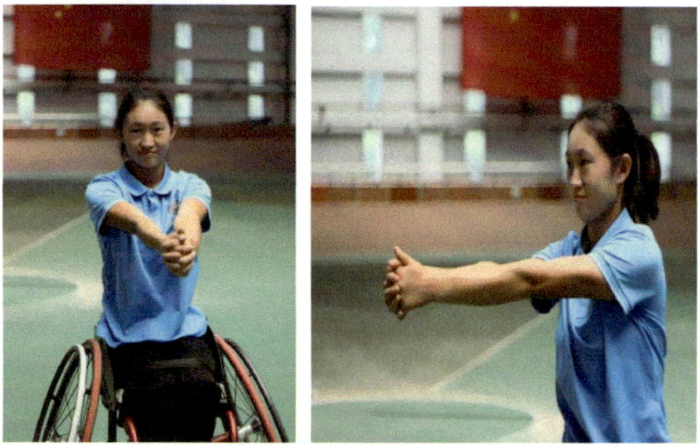

图3-50　躯干旋转运动

4. 髋关节内收、外展运动

方法：如图3-51所示，仰卧位，膝关节屈曲，双脚着地，进行髋关节的内收、外展运动。

负荷：每组6~8个，共做3~4组。

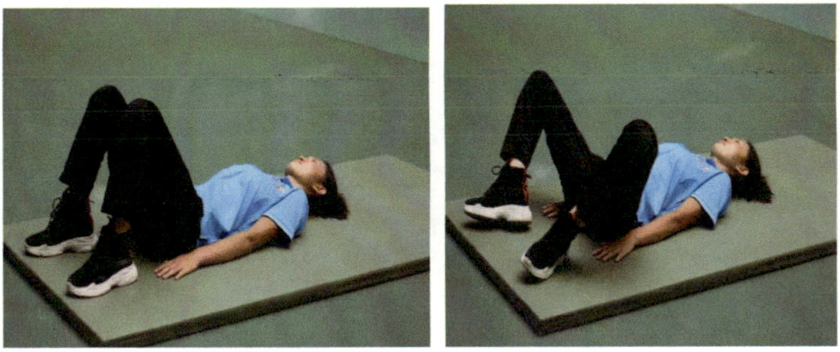

图3-51 髋关节内收、外展运动

5. 屈膝摆动

方法：如图3-52所示，仰卧位，膝关节屈曲，双脚着地，膝关节并拢，同时左右摆动，摆动的幅度尽可能大，背部不要离开垫面。

负荷：每组6~8个，共做3~4组。

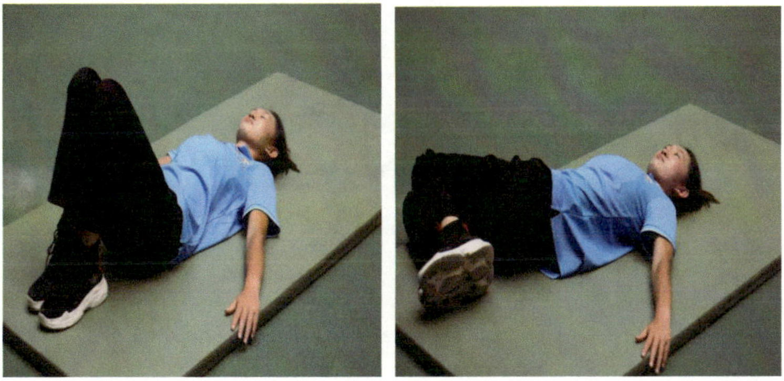

图3-52 屈膝摆动

6. 桥式运动

方法：如图3-53所示，仰卧位，膝关节屈曲，双脚着地。髋关节伸展，臀部离地，保持5 s，再缓慢放下。

负荷：每组6~8个，共做3~4组。

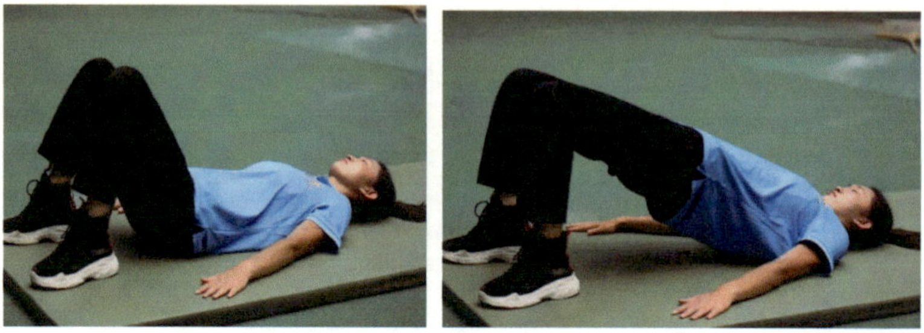

图3-53 桥式运动

7. 手膝位支撑练习

方法：如图3-54所示，两臂伸直，手指分开，撑在垫面上，膝关节着地，身体前后移动。

图3-54 手膝位支撑训练

8. 跪位伸展练习

方法：如图3-55所示，跪立位，髋关节屈曲，臀部放在脚后跟上。髋关节伸展后，回到起始姿势。

负荷：每组6～8个，共做3～4组。

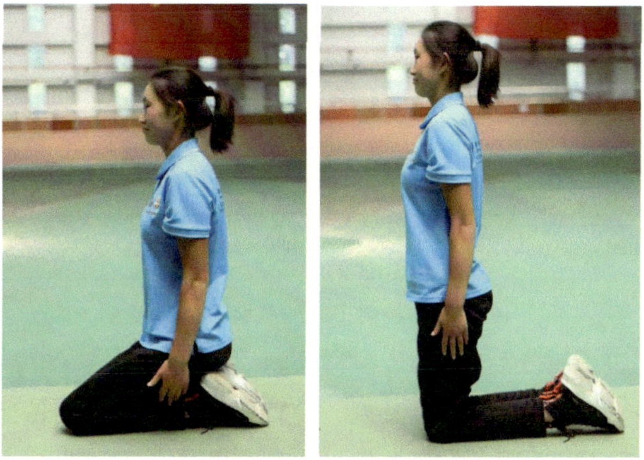

图3-55 跪位伸展训练

（二）肌肉与关节的特殊练习

1. 预防关节僵硬的练习

方法：躺在床上或垫子上，双手叉握，偏瘫侧拇指在最上边，手掌相对。叉握的双手向上推，直到肘伸直。健侧手臂带动患侧肩胛骨充分前伸。将手臂抬至头上方，保持伸肘。放下和抬起手臂数次，直至能放松地放在头上方。

2. 抑制下肢伸肌痉挛的练习

方法：如图3-56所示，仰卧位，双手叉握，用双臂环抱屈曲的双膝。把膝关节拉向胸部，同时抬头。然后稍伸髋，直至肘伸直，肩被充分拉向前。重复数次。

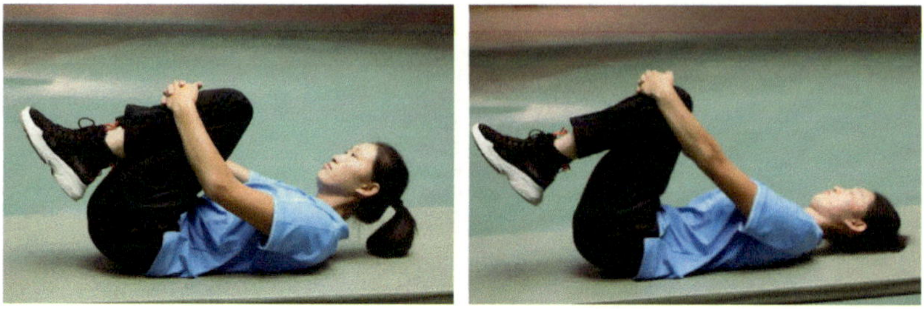

图3-56 抑制下肢伸肌痉挛的练习

3. 保持前臂旋后的练习

方法：坐在桌前，双手叉握，前臂伸于桌子上。向偏瘫侧倾斜，推压患侧臂成旋后位，直至拇指被压到桌面上。两侧交替进行，放松痉挛的肌肉。

4. 保持腕关节充分背屈的练习

- 双手叉握，双肘支撑于桌面，双手朝向面部，用健侧手使患侧手充分背屈，重复数次。
- 双手叉握，翻过来把手掌压握在桌上或其他平面上，保持肘伸直，重心前移，直到腕部充分背屈，然后把重心轻轻地向两侧转移。这个练习能明显抑制屈肌的张力过高。
- 坐在床上，把患侧手放在身体一侧，用健侧手被动地伸展偏瘫的手指和手腕，肘关节伸直。前臂旋后有助于放松手指的屈肌。

5. 预防跟腱挛缩的练习

方法：站在有一定角度的三角板上，使踝关节背屈，逐渐增加三角板的角度，充分拉长跟腱。

参考文献

[1] 西藏自治区体育局，北京体育大学. 西藏人众健身指南[M]. 北京：北京体育大学出版社，2017.

[2] 鲁勇. 残疾人体育健身指导员培训教材[M]. 北京：华夏出版社，2014.

[3] 卢雁，金季春，郭敏，等. 积极人生——残疾人健身锻炼[M]. 北京：北京体育大学出版社，2003.

[4] 杨洁，姜平. 体力活动的测量与评价[J]. 继续医学教育，2019，33（03）：163-164.

[5] 魏佐涛. 近年来我国残疾人体育健身相关问题的研究[J]. 运动，2018（11）：153-155.

[6] 李安巧，李欣，邱卓英，等. 健康中国背景下残疾人社区体育发展研究[J]. 中国康复理论与实践，2018，24（11）：1257-1263.

[7] 金梅，王家宏，胡滨. 全民健身国家战略中我国残疾人康复体育发展思路与路径选择[J]. 武汉体育学院学报，2017，51（12）：

5–10.

[8] 中国残疾人体育协会. 残疾人体育研究——首届全国残疾人体育科学学术会议论文选编[M]. 北京：北京体育大学出版社，2004.

[9] 欧云海，张莉斌. 残疾人体育[M]. 北京：北京师范大学出版社，2012.